DE LA CONDITION LÉGALE

DE LA

FEMME MARIÉE

ET EN PARTICULIER

DE SON INCAPACITÉ.

THÈSE POUR LE DOCTORAT.

PAR

ANTONIN LEFÈVRE-PONTALIS,

Licencié ès lettres, Auditeur au conseil d'État.

Et erunt duo in carne una.
(Genèse, II, 24).

PARIS,

TYPOGRAPHIE DE FIRMIN DIDOT FRÈRES,

IMPRIMEURS DE L'INSTITUT DE FRANCE,

RUE JACOB, 56.

1855

DE LA CONDITION LÉGALE

DE LA

FEMME MARIÉE

ET EN PARTICULIER

DE SON INCAPACITÉ.

THÈSE POUR LE DOCTORAT,

PAR

ANTONIN LEFÈVRE-PONTALIS,

Licencié ès lettres, Auditeur au conseil d'État.

Et erunt duo in carne una
Genèse, II, 24.

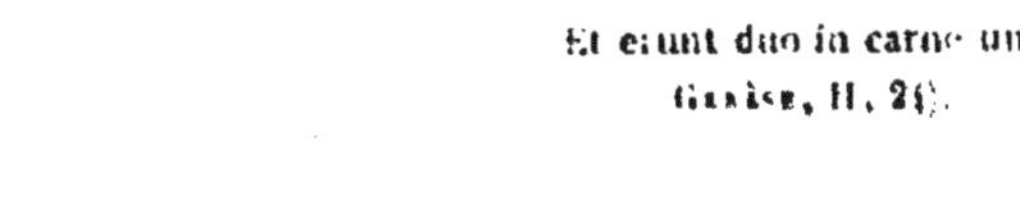

PARIS,

TYPOGRAPHIE DE FIRMIN DIDOT FRÈRES,

IMPRIMEURS DE L'INSTITUT DE FRANCE,

RUE JACOB, 56.

1855

A MA MÈRE,

A LA MÉMOIRE DE MON PÈRE.

DE LA CONDITION LÉGALE

DE LA

FEMME MARIÉE

ET EN PARTICULIER

DE SON INCAPACITÉ.

INTRODUCTION.

La condition de la femme mariée, qui est l'image la plus fidèle de l'état des lois de la famille, représente en même temps, dans la longue histoire de ses destinées, le développement régulier de la civilisation. On pourrait, il est vrai, s'imaginer qu'elle tourne dans le cercle fatal d'une éternelle dépendance; et l'article de notre code qui prescrit à la femme l'obéissance à son mari semble être l'écho fidèle de l'arrêt suprême qui, aux premiers jours de l'humanité, lui donnait un maître (1); c'est donc la même loi qui paraît la river aux mêmes chaînes.

(1) Et eris sub potestate viri. (Genèse, ch. IV.)

Mais l'on peut répéter aussi ce que Galilée disait de la terre, *E pur se muove*, Et pourtant il y a là un mouvement : sous cette apparente immobilité se découvrent toutes les vicissitudes d'une marche en avant, tour à tour retardée ou précipitée par les mœurs et par les lois. Quand on suit de siècle en siècle, de peuple à peuple, à travers les épreuves d'un rude chemin, la laborieuse et pacifique conquête des droits de l'épouse faite peu à peu sur la force et sur la servitude, on peut mesurer tout le terrain qu'elle a gagné. Elle monte du degré d'esclave, de servante, de sujette, au rang de compagne; elle gagne et elle élargit patiemment sa place dans la société domestique et dans la société civile; elle avance lentement, mais elle ne recule pas.

Son affranchissement, qui a dans les différentes législations son cours réglé, dépend, chez chaque peuple, de la constitution particulière de la famille. Partout où la famille est une communauté qui se fait la loi à elle-même, il lui faut un chef dont l'autorité remplace l'autorité absente de l'État. Partout où le pouvoir social n'est pas organisé comme dépositaire et défenseur de l'ordre public, de la justice générale, de l'intérêt commun, comme redresseur des torts, c'est la force qui prend l'empire de toutes ces petites sociétés particulières indépendantes de la grande société; or, comme la force n'appartient pas à la femme, il faut qu'elle se résigne à rester soumise au bon plaisir du maître qui lui donne asile. Quand la magistrature domestique n'a pas de comptes à rendre à une magistrature plus élevée, chargée de faire la loi aux plus puissants et de donner protection aux plus faibles, c'est le père de famille qui est souverain, et sa volonté tient lieu de tous les droits.

Au contraire, chez les nations où le gouvernement a pris possession de la société et s'est emparé de sa direction, le pouvoir domestique ne peut plus tout se permettre; il rentre dans ses limites naturelles. Telle a été la transformation de la société romaine, qui fut achevée par l'empire. Chaque membre de la famille, prenant rang comme citoyen ou sujet dans l'État, a droit à sa sollicitude, à sa bienveillance; sa personnalité ne se confond plus avec celle du chef qui lui commande; il est désormais compté pour lui-même. C'est alors que les droits de la femme commencent à sortir de l'ombre, à faire leur entrée encore timide dans la loi; ils la relèvent de son abaissement, et lui assurent comme épouse, comme mère ou comme fille, la part des garanties dont elle était déshéritée. Ainsi commencera sa sortie de captivité, qui ne sera pas, il est vrai, toujours éclairée par la colonne de feu, mais qui lui ouvre du moins la route vers la terre promise.

Enfin, les mœurs ont suivi et souvent devancé le mouvement des lois. Il en est de la loi dans l'histoire des peuples comme du corps dans l'histoire de l'homme. Le corps tient, à coup sûr, une grande place dans la vie de l'homme, cependant il n'en est pas le principe; comme on l'a dit (1), la vie y circule et n'en émane point. Tel est aussi le jeu des sociétés humaines : quelque rôle qu'y joue la loi, ce n'est pas la loi qui peut seule nous révéler les causes de leur transformation : il faut rendre leur part d'action aux mœurs et aux croyances qui décident de l'ensemble des choses.

Aussi c'est dans la constitution intérieure de la famille qu'il faut surtout rechercher les causes qui ont élevé la condition de la femme. La polygamie orientale, la monogamie païenne, la monogamie chrétienne, voilà les trois grandes étapes de ses conquêtes.

La femme, dit quelque part Gœthe, est pareille au lierre; elle a besoin d'attacher sa vie à une autre vie. N'appartenir à personne ou appartenir à tout le monde, c'est pour elle une égale contradiction à la destinée qui lui a été faite. C'est donc seulement à l'abri de la famille que se développent et se succèdent sa pureté de jeune fille, sa chasteté de jeune femme, sa douce majesté de mère. Le mariage fut une protection donnée à sa faiblesse; il la préserva des outrages de la brutalité et des misères du délaissement.

Sans doute elle ne garda pas longtemps le rang où

(1) M. Guizot, *Civilisation en Europe*, 9e leçon.

Dieu l'avait mise, en la créant non pas semblable à l'homme, mais son égale. La polygamie chez les premiers peuples de l'Orient lui enleva la dignité d'épouse, mais elle lui en conserva le titre; elle la sacrifia aux plaisirs d'un maître, mais au moins elle la fit entrer dans sa demeure; et si elle l'asservit à la tyrannie, elle régularisa et souvent adoucit l'oppression. Toutefois elle ne lui assura qu'une position subalterne et précaire; elle ne lui réserva guère en partage que le ministère de la volupté, et le plus souvent elle ne la fit vivre que pour être tour à tour désirée et oubliée.

La monogamie, qui fut en Occident le fondement du mariage, tira peu à peu la femme de servitude; elle lui rendit sa véritable place au foyer domestique en ne laissant plus aucune rivale partager avec elle les droits et les honneurs d'épouse; elle la rapprocha du mari et ne la laissa plus étrangère à son existence. La femme grecque ou romaine, au sortir de la barbarie des temps primitifs, dans lesquels elle était vendue et achetée, fut destinée à faire connaître à l'homme d'autres jouissances que des jouissances grossières ou passagères. Elle vécut dans la retraite, mais non plus dans l'isolement; et le rang qu'elle prit dans la vie intérieure grandit son importance dans la vie du dehors. C'est l'enlèvement d'une femme qui souleva la Grèce contre Troie; c'est l'attentat à l'honneur d'une femme qui renversa les Tarquins; ce sont les prières d'une épouse jointes à celles d'une mère qui arrêtèrent Coriolan dans sa marche contre Rome. Aussi ne faut-il pas s'étonner de trouver dans Aristote la comparaison des droits de l'épouse avec les droits sacrés du suppliant qui est venu déposer son rameau d'olivier au foyer domestique pour être admis aux privilèges de l'inviolable hospitalité (1). Il n'en faudrait pas cependant conclure qu'elle eût dès lors complétement échappé à son état inférieur. Elle resta longtemps, surtout à Rome, une sujette privée de sa liberté civile, tenue à l'écart des affaires, et qui à tout âge, dans toute condition, devait s'incliner devant le pouvoir majestueux du sexe viril (*majestas virorum*); elle ne conquit que bien lentement les garanties protectrices de ses intérêts. La répudiation, qui l'exposait à être chassée avec les restes de sa jeunesse usée et de sa beauté flétrie, la laissait soumise à tous les caprices de l'inconstance; et elle finit par faire passer dans les mœurs, corrompues par la servitude publique, une sorte de polygamie successive. Le divorce ne resta pas, il est vrai, le privilége du mari; il devint la conquête, la triste conquête des femmes; et c'est à travers la licence qu'elles se frayèrent une voie à l'indépendance.

Mais l'anarchie de la famille, à laquelle la société païenne finit par être en proie, n'assurait pas encore à la femme une position qui pût paraître digne

(1) Aristote, *Œcon.*, I, 4.

d'envie. Ce fut le christianisme qui, dans la régénération de la vie domestique et de la vie publique, lui donna une grandeur qu'elle n'avait jamais connue. Il la releva par l'apprentissage et le noble exercice des vertus les plus fortes et les plus douces; il la protégea moins encore par les droits dont il l'armait que par les devoirs qu'il imposait au mari. Il disait à la femme : « Honorez votre mari. » Il disait au mari : « Aimez votre femme comme un autre vous-même. » Il resserrait entre eux les liens brisés d'une existence commune; il confondait leurs intérêts comme leurs affections; il rétablissait cette unité de deux vies qui peut seule être la source de la vraie égalité des deux époux. Il changeait d'ailleurs toutes leurs relations, non-seulement en raffermissant l'unité du mariage, mais encore en y ajoutant la loi nouvelle d'indissolubilité, contre laquelle les passions révoltées devaient venir se briser. Ce fut le rempart derrière lequel la femme reconquit tous ses droits de famille et se retrancha contre toute oppression. En même temps la religion chrétienne la tirait de la retraite pour l'associer à ses combats, à ses épreuves, à ses travaux, à ses enseignements; elle lui ouvrit le forum et le prétoire, jadis interdits à son sexe, pour qu'elle vînt y parler, s'y défendre, y braver le glaive de la justice païenne, et y montrer comment elle savait mourir. Elle l'arracha à l'ignorance et à l'oisiveté pour l'employer à la conversion des âmes, à l'éducation des esprits, au soulagement de toutes les misères du corps. Elle l'appela ainsi à des destinées nouvelles qui répondaient à tous les besoins de la civilisation. L'idée de l'affranchissement de la femme avait été, il faut le dire, déjà entrevue; elle avait été ébauchée dans l'antiquité par quelques grands esprits; plus tard elle avait provoqué une réaction violente contre les traditions de l'ancienne servitude Mais elle n'avait guère tourné qu'au profit du désordre. Le christianisme la reprit quand elle était ainsi détournée de sa voie; il lui donna une nouvelle direction, il lui communiqua un nouvel élan; et la transformation du mariage païen fut son œuvre.

Maintenant les barbares peuvent venir; ils se courberont sous la grande loi qui survit aux destinées du monde ancien, et qui préside à la naissance du monde moderne; ils lui emprunteront une force nouvelle, et ils deviendront des fondateurs au milieu des ruines. D'ailleurs ils apportent eux-mêmes du fond de leurs forêts sauvages des sentiments particuliers de respect pour la femme qui ne les laisseront plus ramener sa condition au point de départ des sociétés de l'Orient, l'asservissement et la reclusion; ils l'associent à tous leurs hasards; ils la traitent en compagne de leurs travaux et de leurs périls, *laborum periculorumque sociam*, dit Tacite. Ils la tiennent, il est vrai, dans une dépendance qui contraste avec la liberté du dernier état de la législation romaine; mais l'autorité à laquelle ils la soumettent n'est qu'une autorité protectrice, destinée à servir les intérêts des protégés plutôt que ceux des protecteurs. La violence grossière joue bien un grand rôle dans toutes leurs relations de famille; mais elle cède peu à peu aux conquêtes pacifiques du christianisme; et d'ailleurs elle n'exclut pas les garanties des lois, tout en les rendant quelquefois impuissantes. Dans la situation faite à la femme chez les peuples barbares se retrouvent, à côté de tous les priviléges qui maintiennent la supériorité de l'homme, les habitudes du respect des droits individuels qui étaient destinées à passer, avec des alternatives de bonne et de mauvaise fortune, dans les lois privées et publiques des peuples modernes.

La société féodale, qui succéda à la société barbare, continua à favoriser tous les intérêts de la femme. La société, en devenant féodale, cessait d'être flottante; elle se fixait sur le sol; elle se morcelait pour s'isoler dans de petits territoires; elle devait donc donner à la vie privée tout ce qu'elle enlevait à la vie errante. La rudesse des mœurs, que les habitudes de la guerre contribuaient à développer, y fut tempérée par l'action bienfaisante de l'Église, qui se portait intrépidement à la défense de toutes les lois de la famille; elle y fut adoucie par la chevalerie, qui, en mettant la force au service de la faiblesse, ouvrait la source de sentiments de galanterie et d'honneur inconnus à l'antiquité. Enfin elle s'assouplit, grâce à l'influence toujours croissante de la vie domestique, dans laquelle des hommes, sans cesse fatigués et meurtris par les rudes épreuves de la lutte, venaient chercher l'asile de la paix et du repos.

Ainsi se prépara l'extension des droits de la femme, à laquelle concoururent tour à tour toutes les classes : les nobles, en lui communiquant dans le droit civil d'importants priviléges, en lui faisant prendre part aux droits de commandement et à l'exercice de la suzeraineté féodale; les roturiers, en l'associant par la communauté à tous leurs intérêts de fortune, et à tous les fruits de leur travail, de leur industrie. Cependant il ne faudrait pas prêter complaisamment à cette société les vertus imaginaires dont on se plaît quelquefois à l'embellir. L'inégalité constituée dans la famille par les lois d'héritage enrichissait un sexe au détriment de l'autre; l'empire laissé aux volontés individuelles donnait libre carrière à la violence et à la licence; et malgré les efforts de l'Église, qui cherchait à tenir la place du gouvernement, le droit ne venait trop souvent que du bon plaisir. La chevalerie pouvait quelquefois suppléer la justice; mais elle ne la valait pas.

Ce fut dans la reconstitution de l'autorité publique que la femme, particulièrement en France, trouva la garantie stable et permanente de la loi. Dans les deux législations qui se partagèrent le territoire, dans le droit écrit et dans le droit coutumier, elle fut libre ou protégée, non plus opprimée ni asservie. Dans les provinces de droit écrit, les traditions du droit romain de l'empire, conciliées par le christianisme avec le bon ordre de la famille, conservèrent leur puissance et s'opposèrent à la confusion des droits de l'épouse avec les droits du mari, en maintenant entre les deux époux une séparation d'intérêts qui peut sembler contraire à la nature du mariage. Dans les pays de droit coutumier, la puissance maritale resta consacrée, souvent encore avec rigueur; mais elle fut limitée. La soumission de la femme laissa au mari le droit de commander; mais elle n'enleva pas à la femme tout moyen de résister; et si la dépendance lui fut imposée, elle fut compensée par les avantages de l'association. La liberté des conventions qui pouvaient être empruntées aux différentes coutumes laissait d'ailleurs le droit de multiplier les garanties; et le droit d'appel à la justice, mieux réglé de siècle en siècle par la jurisprudence, empêchait tout retour de la tyrannie domestique.

Il est vrai que, d'une part, la grossièreté des mœurs qui se fait jour dans le moyen âge derrière les apparences d'une étiquette souvent illusoire, d'autre part, le réveil de l'esprit antique qui prépara le siècle de la renaissance, exposèrent la femme au retour de vieilles méfiances et d'injurieuses accusations; l'hostilité de toute une école de jurisconsultes et d'écrivains peut se résumer dans cet article de la vieille coutume de Bretagne (1) : « Toutes malices peuvent être plutôt ès femmes qu'ès hommes. » De plus, les habitudes d'autorité, familières à l'ancienne société, contribuèrent à laisser au mari le titre et les droits de seigneur et maître; enfin le penchant naturel de l'homme à la domination trouva toujours sa satisfaction dans le principe de l'incapacité de la femme mariée, qui la met en tutelle. Mais, en dépit de tous les obstacles, la cause de la délivrance de l'épouse était gagnée; et la part de droits accordée à la femme dans la famille, avant, pendant et après le mariage; la part de respect et d'autorité morale que la politesse des mœurs et la culture des esprits finirent par lui assurer dans la société, firent désormais partie des principes qui font partout distinguer la civilisation de la barbarie.

Telle fut l'œuvre du passé que notre Code a recueillie. Avant de faire connaître les dispositions qui y ont trouvé place, nous en suivrons la lointaine préparation dans les sociétés qui ont formé la société moderne, et principalement la société française : l'antiquité et le christianisme, la société romaine, la société germaine et la société féodale. Nous reconnaîtrons ainsi quelle part chacune à prise à l'élévation de la condition de la femme mariée, se trans-

(1) Art. 80.

mettant, comme les coureurs dont parle le poëte ancien, l'immortel flambeau d'une justice meilleure. Dans chaque pas en avant fait par la législation d'un même peuple et par les législations successives des différents peuples, nous retrouverons cette loi mystérieuse du progrès humain, que les désordres ou les défaillances des nations et des individus peuvent ralentir, mais n'ont pas la puissance de changer, parce qu'elle est la pensée de Dieu, le devoir de l'homme et le besoin de la société.

I. *De la condition de la femme mariée dans la législation des Hébreux.*

Pour suivre fidèlement dans l'histoire la condition de la femme mariée, il convient de remonter d'abord aux lois générales du peuple chez lequel ont commencé les destinées de l'humanité. La dépendance de la femme mariée était, chez les Hébreux, la conséquence des besoins du temps, des mœurs du pays et des enseignements de la religion. Réduite à la domesticité dans la famille de son époux, elle remplissait auprès de lui tous les offices d'une servante ; elle devait se résigner au partage de la demeure conjugale même avec d'autres épouses qui étaient ses égales ; elle n'était pas protégée contre la répudiation que justifiait le seul déplaisir du mari.

Toutefois la domination de l'époux était limitée par

une législation qui faisait de la morale un code et qui imposait à chacun ses devoirs. Jusqu'aux jours où la corruption des nations voisines obtint, en quelque sorte, droit de cité dans la Judée, et aboutit aux honteux désordres de Salomon et de ses successeurs, les traditions primitives ne perdirent pas complétement leur empire, et elles conservèrent à l'épouse quelques débris de sa dignité déchue. La loi lui assurait, d'ailleurs, des garanties que les mœurs lui auraient peut-être trop souvent refusées. Elle pouvait d'abord recouvrer peut-être par le divorce, ou au moins par la séparation, la jouissance de sa liberté et la garantie de sa sécurité, quand le mari était convaincu d'avoir abusé de son pouvoir; elle n'était pas ainsi livrée à sa discrétion. De plus, elle gardait sa personnalité; elle ne cessait pas d'être comptée pour elle-même; et les droits de propriétaire lui étaient reconnus soit sur la dot que le mari lui payait, d'après la coutume qui, en Orient, semble particulière aux Hébreux, et qui, plus tard, se retrouve également chez les peuples germains; soit sur les biens paternels qui, à défaut d'enfants mâles, lui revenaient en héritage. La libre disposition de son patrimoine restait, il est vrai, au mari; mais le droit de reprise était garanti à la femme, à moins qu'elle ne vînt à encourir, comme peine, la privation de sa dot. La jouissance de certains biens, de ses meubles, de ses pierreries, de ses esclaves, devait même lui être laissée; et la capacité de les aliéner ne lui était nullement refusée. Mais, à sa mort, ils appartenaient au mari qui héritait de toute sa fortune. Cependant le droit laissé à la femme survivante de conserver ce qu'elle avait apporté ou ce qu'elle avait reçu prouvait déjà que la sollicitude du législateur s'était éveillée en sa faveur ; et les libéralités par lesquelles le mari en mourant assurait souvent son sort, pouvaient lui réserver, après le mariage, une condition tout à fait indépendante.

Ainsi, chez les Hébreux, la femme, malgré l'infériorité à laquelle les lois de succession la réduisaient dans la famille de son père, et à laquelle sa domesticité l'assujettissait dans la famille de son mari, n'était pas mise hors la loi ; les intérêts de sa personne et ceux de sa fortune n'étaient pas entièrement sacrifiés.

II. *De la condition de la femme mariée dans l'Inde.*

La condition de la femme mariée dans l'Inde est liée à l'histoire de sa destinée chez les autres peuples. Parmi les nations de l'Orient, les Indiens sont à peu près seuls les ancêtres de la civilisation européenne, de même que les Hébreux sont les lointains précurseurs de la civilisation chrétienne. La communauté d'origine, éclairée par tous les travaux de l'histoire et de la philologie, qui rattache les Indiens aux Romains et aux Germains, donne à leurs lois une importance particulière.

Dans l'Inde, où tout mouvement des mœurs et des institutions paraît s'être généralement arrêté, on peut cependant, grâce aux récentes recherches de la science, suivre les développements et les transformations qui changèrent le caractère du mariage et qui devaient successivement passer dans la législation romaine. Ainsi le mariage commença par n'être qu'un achat ; l'achat ne fut plus tard, pour les classes supérieures, qu'un symbole ; il finit par tomber en désuétude, et céda la place à des cérémonies sacramentelles qui faisaient remonter la femme au rang de personne ; enfin la part fut faite au droit de consentement de la femme, dont nous parlent les écrivains grecs, Strabon et Diodore de Sicile. Mais, excepté le pouvoir de disposer de sa personne, la femme ne paraît guère avoir conquis aucune indépendance. Elle est faite pour l'homme, et ne peut participer à aucun des avantages de la fortune et de la liberté ; dans le mariage comme hors du mariage, l'incapacité est la loi de sa nature ; et à sa sujétion d'épouse succède même sa sujétion de mère : à la mort du mari, ce sont les fils qui lui commandent, au lieu de lui obéir ; et la loi de Manou déclare textuellement qu'à aucun âge la femme ne doit pouvoir faire sa volonté. Son infériorité était brutalement confirmée par la disposition qui rangeait le meurtre d'une femme au rang des crimes secondaires, et le punissait comme un vol de bétail.

Un tel abaissement ne pouvait donc comporter que l'autocratie maritale, devant laquelle la liberté de la polygamie, quoique restreinte, abaissait toutes les barrières. Si l'épouse pouvait obtenir du bon plaisir du mari une part d'autorité domestique, elle n'avait, dans la loi, d'autre garantie que cette recommandation de Manou qui enjoint de la bien traiter, pourvu qu'elle le mérite. Du reste, sa condition peut se résumer dans la règle tirée des textes qui lui ordonne de révérer le mari comme un Dieu, et l'on sait ce qu'est pour l'Indien le culte d'un Dieu. Aussi, quoiqu'il y ait lieu de s'indigner contre le législateur qui joignait l'outrage à la cruauté, en défendant à la femme de survivre à son mari, afin de mettre la vie du mari en sûreté, on ne peut s'étonner de cette barbare prescription qu'on retrouve plus tard dans les libres usages de certains peuples germains tels que les Hérules, mais qui n'eut jamais dans l'Inde, malgré sa perpétuité, un caractère obligatoire. La femme n'était rien par elle-même ; quand le mari mourait, elle devait donc mourir.

III. *De la condition de la femme mariée en Grèce.*

Ce n'est point chez les nations immobiles et stationnaires de l'Asie qu'on peut suivre les traces du progrès des lois de la famille ; c'est seulement en Europe que la civilisation, abandonnant l'Orient, prend son élan véritable, et que la femme marche pas à pas à la conquête de sa liberté. En passant d'Asie en Grèce, nous sommes frappés du changement considérable que nous apercevons dans la condition de la femme en général, et en particulier dans celle de la femme mariée.

Ce n'est plus le pays de l'association patriarcale ou du despotisme domestique. Dans des républiques constituées pour la vie politique, au-dessus de la puissance du père ou du mari, il y a la loi, dont l'autorité forte et respectée ne laisse à personne les attributs d'une souveraineté sans limites. Aussi, sans nous occuper de Sparte, où la famille était généralement sacrifiée à l'État, si nous considérons seulement la république d'Athènes, qui est, suivant l'expression de Thucydide, l'école de la Grèce, nous y trouverons une tout autre organisation de la société conjugale que chez le peuple indien ou le peuple juif. La monogamie jette presque un abîme entre ces deux mondes, et ainsi la femme entre dans une condition nouvelle où elle est affranchie du joug le plus dur qui avait pesé sur sa destinée.

Toutefois ce n'est pas l'indépendance qui est donnée à la femme athénienne ; mais on lui refuse plutôt la capacité que la liberté : mariée ou non mariée, elle n'a pas la jouissance de tous ses droits. La loi l'assujettit à la même nécessité d'autorisation qu'un mineur, toutes les fois qu'elle veut accomplir les actes de la vie civile. Elle lui donne un tuteur, sans lequel elle ne peut, d'une part, ni s'obliger au delà d'un médimne d'orge, ni, d'autre part, intenter ou soutenir aucune action en justice : dans tout procès, le greffier appelait une telle et son tuteur (ἡ δεῖνα καὶ ὁ κύριος). Les femmes n'ont été admises librement devant les tribunaux que par exception; et c'était alors l'intérêt public, par exemple, la nécessité de laisser dénoncer un grand danger dont la patrie était menacée, qui justifiait cette dérogation aux usages.

La tutelle de la femme n'était pas la conséquence nécessaire de la puissance maritale; elle se rattachait à la qualité d'héritier; et c'était seulement à ce titre qu'elle appartenait au mari, toutes les fois que par la constitution particulière d'Athènes, il se trouvait être l'héritier présomptif de sa femme.

Le mari était nécessairement l'héritier présomptif de sa femme, quand il épousait une fille *héréditaire*, c'est-à-dire une fille qui succédait seule, à défaut d'héritiers mâles, à tous les biens de son père et de sa mère. En effet, en pareil cas, le mari n'était autre que son plus proche parent, c'est-à-dire son héritier, et il lui était désigné par la loi, de peur qu'elle ne portât sa fortune dans une famille étrangère. Les qualités d'héritier et de mari ainsi confondues faisaient passer à celui qui les réunissait en sa personne les droits de tuteur de sa femme; mais il les partageait avec les enfants communs à partir de leur majorité; ceux-ci les exerçaient dans toutes les affaires qui intéressaient les biens de leur mère, dont ils devenaient à leur tour les héritiers présomptifs. En outre, toutes les fois que les intérêts de la femme se trouvaient en opposition avec ceux du mari, la loi avait le soin de choisir à la femme, dans sa famille, un tuteur provisoire. La femme mourait-elle sans enfants, le mari acquérait la dot par droit de succession. Restait-elle veuve sans enfants, elle était obligée d'épouser le plus proche parent de son mari, à moins qu'elle ne fût léguée par testament à un autre époux, auquel elle devait transmettre sa fortune patrimoniale : ainsi avait été léguée la mère de Démosthène. Tous les droits de puissance appartenaient donc au mari sur la fortune de la femme qu'il avait épousée étant son héritier; la fille *héréditaire* ne s'appartenait pas à elle-même.

La fille qui n'était pas unique héritière, la fille ἐπίπροικος, n'avait droit pour part de patrimoine qu'à une dot. Elle la recevait du chef de la famille, son père, son aïeul paternel ou son frère, et restait sous sa tutelle. Les droits du mari étaient dès lors partagés et limités ; ils ne s'exerçaient plus que sur la dot, et les restrictions de son pouvoir, primitivement établies au profit de la famille, finirent par tourner peu à peu en garanties pour la femme elle-même : là fut pour elle un principe de liberté; et ainsi peut se reconnaître le premier type du mariage libre de Rome.

La dot commença à assurer l'indépendance de la femme par les obligations qu'elle imposa au mari; sa constitution était confirmée par un acte solennel, et sa restitution était, au moyen d'une hypothèque proportionnée à sa valeur, garantie sur les biens du mari. Après sa mort, ou bien en cas de divorce, la femme pouvait la réclamer devant l'archonte. Si le mari survivait à la femme, il devait la rendre au constituant; ou bien, s'il y avait des enfants communs, il en gardait l'usufruit jusqu'à leur majorité : la dot ne lui revenait donc en aucun cas.

A côté des biens dotaux, il pouvait y avoir des biens paraphernaux réservés par le père, ou donnés par le mari, laissés en jouissance à la femme, et soumis, seulement pour la faculté d'en disposer, à l'autorisation de son tuteur. Ce patrimoine indépendant n'avait probablement pas appartenu d'abord à la femme qui était soumise à la tutelle de son mari; mais il ne lui fut pas longtemps refusé, et il finit par s'adapter également aux deux genres de mariage.

Ces biens paraphernaux pouvaient provenir, ou du testament du mari, ou bien des présents de fiançailles, ou enfin de dons conjugaux. L'ἀπόβολον, ou donation avant le mariage, que le fiancé faisait à sa fiancée, est resté célèbre; il consistait ordinairement en bijoux, habits, parures. Le lendemain des noces, le mari lui faisait un cadeau en grande pompe, afin de célébrer son premier séjour dans la demeure conjugale; enfin le troisième jour des noces, lorsque la femme sortait de la maison et se montrait en public, le mari lui faisait un nouveau présent. Mais là devaient s'arrêter les libéralités entre époux; les donations leur étaient défendues pendant le mariage, d'après une loi que Cujas fait remonter à Solon.

Les garanties de la personne de la femme devaient nécessairement accompagner les garanties de sa fortune. Ainsi le mari pouvait bien obliger sa femme à demeurer avec lui, mais non à le suivre sur une terre étrangère. Il avait le droit de tuer sa femme surprise en adultère; il avait la liberté de la répudier sans formalités; il était même forcé de la dénoncer et de la répudier, sous peine d'infamie et sans avoir le droit de pardon; mais aussi la répudiation non justifiée l'obligeait à la restitution de la dot, et la loi venait au secours de la femme en punissant le mari qui l'avait maltraitée ou même délaissée, et en lui reconnaissant à elle-même le droit de demander et d'obtenir le divorce (ἀπόλειψις). Toutefois la femme ne pouvait pas le provoquer aussi facilement que le mari; elle était obligée d'aller trouver l'archonte et d'obtenir son approbation. Cette approbation était une difficulté sérieuse à Athènes, où les femmes ne paraissaient presque pas en public, et n'avaient aucun rapport avec les hommes qui leur étaient étrangers. Alcibiade profita du passage de sa femme dans la rue, comme elle se rendait chez l'archonte, pour la ramener de force chez lui sans que personne s'y opposât.

Retirée dans le gynécée, la femme mariée ne passait guère le seuil domestique, d'où les bienséances sévères de l'antiquité ne lui permettaient point de sortir pour paraître en public : son empire sur la société ne pouvait donc pas être considérable. C'était à une autre classe de femmes qu'était réservée cette part remarquable d'influence qui, tout en relâchant les mœurs des Grecs, donna à leur civilisation son cachet particulier de douce élégance et d'exquise politesse. Les courtisanes grecques (ἑταῖραι), attirant chez elles l'élite des personnages de la république, dominaient les maîtres de la Grèce. Cultivant tour à tour l'éloquence, comme Platon l'atteste dans son *Ménéxène*, la politique, comme le raconte Plutarque, la poésie, les arts, la philosophie même, elles inspiraient un Alcibiade comme un Praxitèle. Glycère, comme le montre l'ingénieux commentateur qui a ressuscité Ménandre (1), donnait le tour de son esprit aux comédies du poëte; Aspasie, dirigeant en même temps Socrate et Périclès, donnait l'élan à la philosophie platonicienne, et faisait peut-être décider la guerre du Péloponnèse. Toutes ces femmes, qui semblaient faire descendre de son rang l'épouse légitime par leur dangereuse rivalité, servirent cependant à relever sa condition. L'homme connut par leur com-

(1) M. Guillaume Guizot.

merce quels trésors de douces inspirations renfermait l'esprit de la femme, et se prépara ainsi à respecter dans la famille la chaste dignité de celle qui l'avait séduit dans la société par ses grâces légères. Plus tard, quand Rome victorieuse subira la domination des mœurs de la Grèce, la rudesse de l'austère république cédera la place à une civilisation plus adoucie, et la transformation du droit rigoureux des anciens temps suivra son cours.

PREMIÈRE PARTIE.

DROIT ROMAIN.

DE LA CONDITION

DE LA

FEMME MARIÉE DANS LE DROIT ROMAIN,

ET EN PARTICULIER

DE SON INCAPACITÉ.

L'assujettissement de la femme était consacré par la législation romaine primitive avec une rigueur que la Grèce n'avait pas connue, mais à laquelle la monogamie enlevait au moins tout caractère de servitude; les traditions orientales avaient passé avec les Tarquins de l'Étrurie à Rome, et elles y marquèrent leur empreinte. La femme n'était pas seulement soumise à son père ou à son mari; à défaut du père et du mari, elle ne jouissait pas davantage de sa liberté civile, et la tutelle perpétuelle de ses proches parents, de ses agnats, ou celle qui, à leur défaut, pouvait être déférée par le magistrat civil, le préteur, resta longtemps une des lois de l'État. A Rome, la puissance maritale était donc la conséquence naturelle de l'incapacité civile de la femme ; mais elle s'y rapproche, par ses principaux caractères, de la puissance paternelle ; elle paraît faite à son image, et elle s'encadre ainsi régulièrement dans la constitution de la famille romaine. En effet, la famille romaine était un petit État qui, avec son culte et ses lois particulières, avait dans le père son chef ; l'autorité souveraine qu'il exerçait était le fondement du droit privé aussi bien que du droit public, et semblait préparer cet empire que Rome devait conquérir sur les autres nations :

Tu regere imperio populos, Romane, memento.

Ce fut cette organisation de la puissance domestique qui détermina la condition de la femme mariée. Elle prit le rang de fille dans la famille de son mari, ou bien elle le garda dans la famille de son père. En effet, le mariage romain, tout en n'ayant qu'une même nature et tout en produisant toujours, quant à la légitimité et à la condition des enfants, les mêmes conséquences, se partage, par rapport à la puissance maritale, en deux subdivisions (1) : il pouvait avoir pour effet de donner au mari l'investiture

(1) Il importe de ne pas donner à cette distinction une extension qui ne serait pas justifiée ; les deux termes de mariage rigoureux et et de mariage libre, dont on fait communément usage et dont nous

de tous les droits de puissance, ou bien il laissait au père tous les siens. Aussi Cicéron (1) reconnaît-il deux classes d'épouses légitimes : 1° la *materfamilias*, qui passe sous la puissance de son mari en brisant tous les liens de parenté civile qui la rattachent à sa famille maternelle ; 2° la *matrona*, qui continue à appartenir à la famille de son père, et que le mariage laisse au moins originairement sous la puissance de son père, ou sous la tutelle des plus proches parents de son père, ses agnats. Il faut donc mettre en regard, non pas deux mariages, mais en quelque sorte deux conditions matrimoniales différentes pour la femme : celle qui résultait du mariage appelé par les interprètes mariage rigoureux, dans lequel le mari peut tout ; celle qui résultait du mariage surnommé mariage libre, dans lequel le mari ne peut rien. Ces deux conditions n'intéressent que la puissance maritale : la femme y est assujettie, ou bien elle en est affranchie. Tels sont les deux seuls principes opposés auxquels se ramènent le mariage rigoureux et le mariage libre.

La puissance maritale (*manus*) n'était donc pas à Rome la conséquence nécessaire du mariage ; elle était indépendante des justes noces. Elle pouvait naître avec

n'avons pu éviter l'emploi, doivent être soigneusement restreints aux rapports de la femme avec son mari. Telle est l'observation judicieuse faite par M. Pellat, dans sa traduction du cours de droit romain de M. Marezoll.

(1) Cicéron, *Top.* 3.

l'union conjugale, si l'union conjugale avait été contractée suivant certaines formes déterminées ; elle pouvait s'y ajouter après un certain délai, par application des principes du droit de possession ; ou même elle pouvait y rester toujours étrangère, au moins depuis la loi des Douze Tables. Elle s'acquérait, soit par une cérémonie religieuse (*confarreatio*) ; soit par une vente solennelle (*coemptio*), soit par une année d'habitation non interrompue (*usus*).

La *confarreatio* semblait empruntée aux rites religieux de l'Étrurie ; elle était accompagnée de cérémonies symboliques. Elle tirait son nom de l'offrande du gâteau sacré que les époux se partageaient comme signe de la communauté d'existence qui allait commencer pour eux (1). Elle demandait la présence de dix témoins, et était consacrée par des paroles solennelles ; les effets religieux qu'elle produisait la rendirent particulièrement propre aux familles patriciennes.

Le *coemptio* était un achat destiné à faire acquérir la femme par le mari suivant les formalités civiles nécessaires à l'établissement de la propriété romaine ; la balance, la pièce de monnaie, la répétition des

(1) La *confarreatio* est rattachée, par une hypothèse ingénieuse d'un auteur allemand, au mythe de Proserpine, fille de Cérès, qui ne put quitter la demeure de Pluton parce qu'elle y avait goûté d'un fruit mystérieux, ainsi que le dit Ovide :

> Sumptaque pallenti septem de cortice grana
> Presserat ore suo.
>
> (*Mét.*, L. v.)

formules consacrées, l'intervention de cinq témoins citoyens romains, étaient requises comme pour toute vente civile (1). D'ailleurs l'achat pouvait bien primitivement n'être pas fictif; le prix d'acquisition de la femme représentait probablement l'indemnité due aux parents de la femme, à raison du droit de succession qui leur était enlevé par son changement de famille; et l'on retrouve dans une ancienne inscription la preuve d'un payement réel (2). La vente de la femme, soit véritable, soit simulée, qui dans les coutumes de tous les peuples barbares est la loi générale du mariage, servait ainsi à Rome à l'établissement de la puissance maritale.

La possession annale donnait au mari les mêmes droits que la *confarreatio* ou la *coemptio*, et lui faisait acquérir sa femme comme il eût acquis une chose mobilière, par l'usage. La mari pouvait ainsi, à l'expiration d'une année de vie commune, entrer en jouissance d'un pouvoir particulier distinct du mariage, et qui ne lui appartenait qu'en expectative. D'après les conjectures de quelques auteurs, que

(1) Gaïus, I, 112. Tacite, *Ann.*, IV, 6.

(2) Heinnecius, *Comm. ad leg. Jul.* et *Papp. Popp.*, p. 225, cité par M. Laboulaye dans son *Histoire du droit de propriété*.

PUBL. CLAUDIO. QUÆST.
AER.
ANTONINAM. VOLUMNIAM.
VIRGINEM.
VOLENT. AUSPIC.
A. PARENTIBUS. SUIS. COEMIT.

nous ne prétendons pas discuter, la possession annale aurait eu pour but de rendre le droit de puissance maritale accessible aux plébéiens, qui, exclus originairement de toute participation aux sacrifices de la *confarreatio*, et de toute connaissance des formules de la *coemptio*, cherchaient à s'assurer les avantages d'une loi commune. La puissance maritale ainsi constituée pouvait être dissoute, et elle pouvait même être éludée.

Quand c'était la *confarreatio* qui y avait donné naissance, elle paraît bien avoir été indissoluble ; ou plutôt les mystérieuses cérémonies de la *diffarreatio* ne s'appliquaient peut-être qu'au cas de condamnation de la femme. Au moins Plutarque leur donne-t-il un caractère lugubre quand il raconte le divorce du flamine, autorisé par Domitien. Quand la puissance maritale était acquise par la *coemptio*, la *remancipatio* donnait lieu à la résolution de l'achat de la femme ; et par suite de l'accord mutuel des époux, le mariage rigoureux pouvait ainsi se transformer en mariage libre. A défaut de la *remancipatio*, la dissolution même du mariage n'entraînait pas de plein droit la dissolution de la puissance maritale ; mais la femme avait alors le droit de contraindre le mari à se dessaisir de cette sorte de domination posthume (1).

Enfin, quand la puissance maritale ne devait ré-

(1) Telle est au moins l'explication qui a été donnée par quelques interprètes du § 137, I, des *Commentaires de Gaius*.

sulter que de la possession annale, la femme, d'après la loi des Douze Tables, pouvait s'y soustraire, en s'absentant chaque année du domicile conjugal pendant trois nuits (*trinoctium usurpatio*). L'explication de cette coutume bizarre a été souvent demandée à l'histoire de la lutte des deux classes de la république romaine. On a dit que l'usage pouvait faire passer la fille patricienne dans la famille du plébéien auquel elle s'était unie, sans lui transférer aucun droit de puissance ; dès lors la confusion des auspices, la perturbation des sacrifices domestiques, devaient en résulter. Pour mettre à l'abri leurs priviléges domestiques, les patriciens auraient introduit dans la sixième table le principe de l'interruption de l'usage. La prohibition des mariages entre les deux classes, qu'ils firent bientôt inscrire dans une des tables supplémentaires, était, en tout cas, la consécration bien plus hardie des mêmes prétentions ; mais le plébiscite Canuléien en fit promptement justice en rétablissant la liberté des alliances entre les deux ordres de l'État. Les patriciens durent se contenter de la faculté d'empêcher la soumission de leurs filles à leurs maris plébéiens. C'est ainsi qu'on a voulu rendre compte de cette disposition qui permettait aux femmes de garder ou de recouvrer leur indépendance. Mais, en l'absence de tout document, cette opinion, quand même elle paraîtrait vraisemblable, ne peut avoir que la valeur d'une supposition.

La puissance maritale, depuis le moment où elle prenait naissance jusqu'à celui où elle était dissoute, mettait la femme, suivant l'énergique expression du droit romain, dans la main de son mari, *in manu mariti*. Elle lui faisait prendre, dans la famille de son époux, la condition qu'elle quittait dans la famille de son père, à laquelle elle cessait irrévocablement d'appartenir. Elle l'assujettissait à son mari en qualité de fille; ou bien, si celui-ci était encore soumis au droit de puissance paternelle, elle l'assujettissait au père de son mari en qualité de petite-fille; elle lui donnait la position de sœur de ses propres enfants, obéissant comme eux au même chef; et cette position survivait même au mari, puisque le mari en mourant laissait, soit à ses parents civils, ses agnats, soit à un tuteur testamentaire dont il pouvait laisser le choix à sa femme, la tutelle de sa veuve, qui ne rentrait ainsi jamais dans la famille paternelle. La dépendance de la femme mariée peut ainsi être rapprochée de la dépendance du fils de famille, quoique le mari n'ait jamais exercé un pouvoir aussi absolu et aussi rigoureux que celui du père. Ainsi le droit de vente ne paraît pas lui avoir jamais été reconnu. Mais cependant le droit de propriété semblerait lui être acquis sur sa femme, au moins dans de certaines limites, et Gaïus, en n'osant pas affirmer qu'il peut s'en servir comme d'un intrument d'acquisition, au même titre que d'un esclave, recule seulement devant la rigueur de l'application du principe légal. Sans doute ce tempérament était dans les mœurs, qui ne laissaient pas enlever à l'épouse sa qualité de personne. Toutefois l'on voit dans l'histoire de Rome des amis se prêter leurs femmes pour se donner une postérité; c'est sans scrupule que Caton céda, pour un certain temps, Marcia à Hortensius, afin qu'Hortensius lui donnât un héritier; et Strabon ajoute que la conduite de Caton était conforme aux anciens usages, qui laissaient ainsi au mari un droit absolu de disposition, et n'accordaient pas même à la femme la garantie de son honneur.

Les droits du mari sur sa femme étaient complétés par ceux de juge; il pouvait même la mettre à mort, et Valère Maxime cite l'exemple d'Egnatius Métellus, qui, de sa propre autorité, tua sa femme coupable de s'être enivrée. Toutefois, malgré certains textes tirés des auteurs littéraires (1), il y a peut-être lieu de reconnaître que le mari ne pouvait exercer dans toute sa rigueur son droit de punition qu'avec l'assistance d'un tribunal où les parents de la femme avaient leur place; c'était seulement l'exécution de leur décision qui appartenait au mari. Le droit de vie et de mort ne restait au mari que dans le cas où il surprenait sa femme en adultère; et ce fut la loi Julia et Papia Poppæa qui l'en désarma (2).

(1) Tite-Live, I, 39, 18. — Aulu-Gelle, *Nuits attiques*, ch. 23.
(2) Pap., coll. IV, 10.

Les droits sur la fortune de la femme correspondaient aux droits sur sa personne : le mari était maître de tout ce qui lui appartenait. La femme a-t-elle des biens présents en se mariant, ils deviennent propres à son mari ; il peut les vendre, les dissiper ; il n'en doit aucun compte, il use de sa chose. La femme a-t-elle à espérer des biens à venir, c'est encore à son mari qu'ils doivent passer. Elle ne peut rien posséder : tout ce qu'elle acquiert tombe dans le domaine de son mari. Un pécule ne peut lui appartenir qu'avec l'autorisation de son mari. Le témoignage de Plaute confirme celui des jurisconsultes, quand il fait dire à un personnage d'une de ses comédies : « Je pense que tout ce que tu as appartient à ton mari. »

Hoc viri censeo esse omne quidquid tuum 'st.

Aussi, dans le cas où la femme meurt la première, elle ne laisse pas de succession ; car tous ses biens ont été dévolus à son mari et se sont confondus dans sa fortune ; toutefois ils doivent au moins revenir à ses enfants, qui les retrouveront dans la succession de leur père. Mais, si elle survit à son mari, elle lui succède comme une fille à son père, soit pour la totalité, si le mari ne laisse aucun autre héritier ; soit, dans le cas contraire, pour une part virile ; elle vient en concours avec ses propres enfants : c'est donc seulement un droit de succession, qui pour elle tient lieu d'un droit de reprise.

Un tel système ne pouvait convenir qu'à un peuple chez lequel les liens de famille gardaient toute leur force primitive ; il fallait que le mariage pût rester permanent pour que la femme, à laquelle le mariage enlevait sa fortune personnelle, ne fût pas exposée à se trouver, après le mariage, irrévocablement dépouillée ; n'ayant plus conservé aucuns droits dans sa famille personnelle, elle eût été victime d'une véritable confiscation si, avant sa mort, elle avait pu cesser de faire partie de la famille de son mari.

La dissolution arbitraire du mariage aurait sacrifié tous les intérêts de la femme ; aussi la liberté du divorce, qui paraît du reste être restée longtemps inconnue à Rome, n'appartenait-elle pas au mari sans réserve. Le mari ne pouvait légalement répudier sa femme que pour certaines causes qui paraissent même avoir été primitivement spécifiées, et qui semblent avoir dû être, en tout cas, soumises à l'appréciation du tribunal domestique (1). Toutefois la loi faisait une trop grande part à tous les priviléges de sa puissance pour lui enlever le droit même de répudiation ; mais elle opposait des peines pécuniaires toutes les fois que la répudiation ne semblait pas justifiable. La fortune de la femme répudiée sans juste cause ne revenait pas au mari ; la moitié

(1) Valère Maxime, lib. II, chap. IV, § 2.

était rendue à la femme, et l'autre moitié consacrée à Cérès.

L'intérêt du mari et l'intérêt de la femme opposaient donc au divorce une double barrière; mais elle commença à s'abaisser à mesure que s'affaiblit l'autorité de la religion et des mœurs. Le droit du mari paraît avoir été déjà élargi par la loi des Douze Tables, et Plaute, dans une de ses comédies, recommandait à bon droit à l'épouse de se montrer toujours soumise, afin d'éviter le mot fatal qui lui ordonnait de plier bagage :

> Collige sarcinulas, dicet libertus, et exi (1).

De nouvelles garanties étaient donc nécessaires pour la mettre à l'abri des périls de la confusion de sa fortune dans celle du mari : ce furent les *cautiones* et les *actiones rei uxoriæ*. La restitution des biens de la femme, en cas de divorce, fut désormais stipulée ordinairement dans les contrats de mariage par ses parents; elle n'aurait pu être stipulée valablement par la femme elle-même, qui, en passant sous la puissance maritale, perdait, par suite de ce changement d'état, tous les droits qui lui appartenaient antérieurement. De son côté, le préteur introduisit une action pour donner une force légale à ces conventions matrimoniales, ou bien pour les suppléer lorsqu'elles auraient été omises.

(1) Juvénal, sat. VI.

Ainsi la séparation des patrimoines, contraire à tous les principes du mariage rigoureux, s'y introduisit en prévision de la séparation éventuelle des époux, et les progrès du divorce hâtèrent cette transformation. Les femmes profitaient à leur tour du divorce maintenant qu'il ne pouvait plus leur nuire, et elles se servaient des moyens légaux de la dissolution de la puissance maritale pour reprendre leur liberté. Le mariage rigoureux finissait donc par ne plus exister que dans la faculté de s'en affranchir; sa décadence suivait celle des vieilles mœurs et des vieilles institutions.

L'acquisition de la femme par la possession annale, signalée encore par Cicéron (1), était, au temps de Gaius tombée en désuétude ou bien abrogée par des lois expresses. La loi des Douze Tables avait commencé par donner à la femme qui s'absentait chaque année pendant trois nuits du domicile conjugal, la faculté de prévenir les effets civils qui résultaient de ce droit d'usage et qui donnaient naissance à la puissance maritale. Plus tard les agnats de la femme, auxquels son changement d'état enlevait leur tutelle légitime avec les avantages qui y étaient attachés, se firent accorder un droit d'opposition à l'acquisition de leur pupille par le mari. Enfin, quand le mariage libre commença à prendre faveur, au lieu d'user des expédients qui pouvaient mettre obstacle

(1) Cicéron, *Pro Flacco*, 34.

à l'établissement de la puissance maritale, on n'attacha plus à la possession annale de la femme par le mari aucune conséquence juridique, et on rendit inutiles les moyens de tourner l'ancienne règle, en la supprimant.

La *coemptio* subsista plus longtemps que l'usage ; elle avait l'avantage de répondre directement aux intentions des parties contractantes, et Gaïus nous la montre encore survivant aux débris du vieux droit. Depuis cette époque, on en perd la trace ; aucune loi ne paraît l'avoir supprimée, mais elle ne pouvait résister au changement des mœurs qui triomphait de la résistance des lois.

Enfin la *confarreatio* avait fini par n'être plus qu'à l'usage des pontifes ; et au commencement de l'empire, on trouva difficilement trois patriciens nés de parents mariés selon ce rite antique, et qui fussent propres, suivant la coutume des ancêtres, à remplir les fonctions de flamine ; aucune femme ne voulait plus consentir à un genre de mariage qui lui enlevait toute liberté civile. Aussi, pour satisfaire à la fois aux besoins du culte et aux exigences des mœurs, une loi fut rendue sous Tibère, d'après laquelle la puissance maritale acquise par la *confarreatio* ne conserva plus que des effets religieux restreints aux droits des sacrifices (1). La *confarreatio*, dépourvue de toute im-

(1) Tacite, Ann., IV, 16.

portance juridique, resta dès lors liée aux destinées du paganisme, et ce fut la religion chrétienne qui en détruisit les derniers vestiges.

Au temps de Justinien, le mariage rigoureux ne rappelait plus que de lointains souvenirs; il n'a pas même une mention dans les Institutes. Toutefois il garda sa place importante dans la législation romaine; il est avec la puissance paternelle l'institution fondamentale du vieux droit de famille. Il consacrait la dépendance de la femme, qui, dans la constitution de l'ancienne Rome, était une loi de l'État, il transportait tous ses droits à son mari, auquel il conférait le pouvoir souverain et le nom sacré de père; mais il lui assurait dans la famille un rang qui ne lui appartint jamais en Orient; et s'il ne lui reconnut, même en se transformant, qu'une part de garanties encore bien restreinte, il préparait du moins pour elle le passage d'une condition où elle ne pouvait rien à une condition où elle pouvait tout.

Le mariage libre qui finit par remplacer le mariage rigoureux a peut-être une origine aussi ancienne : en effet, il devait avoir déjà primitivement une existence provisoire, puisqu'à défaut de la *confarreatio* ou de la *coemptio*, c'était seulement la possession de la femme, prolongée pendant un an, qui produisait la puissance maritale. Mais il ne commença à prendre un caractère permanent qu'à partir de l'époque où la loi des Douze Tables donna à la femme la faculté de garder sa liberté civile au moyen de l'absence de trois nuits renouvelée chaque année. Plus tard, quand cette faculté se fut convertie en habitude, le mariage libre n'eut plus besoin d'être en quelque sorte conquis sur la loi; il résulta directement de la volonté des parties contractantes, et il prit ainsi une place régulière en regard du mariage rigoureux dont il devait recueillir l'héritage.

Le caractère propre au mariage libre était l'affranchissement de la puissance maritale qui n'aboutissait pas, au moins primitivement, à l'indépendance de la femme, mais à la conservation de la puissance paternelle, ou de la tutelle, si la femme était émancipée. Mais ce changement dans sa condition d'assujettissement devait singulièrement profiter à sa liberté civile; et quand les liens du vieux droit de famille se seront relâchés, l'autonomie de l'épouse sera définitivement assurée.

La femme qui n'est pas soumise à la puissance du mari lui est prêtée plutôt que donnée par le père. Le père garde donc le droit de la revendiquer, puisqu'elle est restée dans sa famille; et, après lui, ses agnats peuvent exercer le même pouvoir. L'action en restitution d'enfants (l'interdit *de liberis exhibendis*) était ainsi une menace permanente contre le gendre; le père pouvait rompre à son gré l'union qu'il avait fait contracter à sa fille, soit pour la protéger contre l'oppression du mari, soit pour lui imposer sa propre tyrannie; il pouvait imposer le divorce aux deux époux qui s'aimaient et qui ne voulaient pas se laisser arracher l'un à l'autre : aussi la comédie romaine reproduit-elle souvent les plaintes touchantes de femmes dévouées qui ne veulent pas sacrifier aux emportements ou aux calculs de leurs pères la fidélité qu'elles gardent à leurs maris.

Sans doute, chez les Romains, les mœurs mettaient souvent obstacle à la rigueur des lois; mais les armes redoutables de la puissance paternelle étaient toujours suspendues dans l'arsenal des vieilles lois, et plus d'une fois elles en étaient encore détachées. Aussi le droit de reprendre sa fille resta bien longtemps dans le mariage libre le privilége du père. Il suffit, pour s'en convaincre, de lire la constitution par laquelle Antonin accorde l'exception du dol au mari pour repousser l'action en restitution d'enfants, et engage les pères à se dessaisir de cette action, qu'il n'ose encore leur retirer par respect pour la majesté des souvenirs. C'est seulement sous Dioclétien que le pouvoir du mari reprend l'avantage sur le pouvoir du père; et le mari est à son tour investi du droit de revendiquer sa femme, quand le père la retient malgré sa volonté.

Toutefois, malgré les abus d'autorité qui pouvaient en résulter, la puissance paternelle servit à conserver le bon ordre dans le mariage libre, en ne laissant pas à la femme le pouvoir d'en rompre à son gré les liens; et en même temps elle n'exclut pas tous les droits du mari auquel la surveillance de sa femme ne cessa pas d'appartenir, ainsi que le privilége de faire partie du tribunal domestique chargé de la juger, d'après le témoignage de Tacite dans le récit du procès fait à Pomponia Græcina, accusée de s'être convertie à la religion chrétienne. La faculté de la punir de mort, s'il la surprenait en adultère, lui était même reconnue, et ce fut seulement la loi Papia Poppæa qui la lui enleva. Mais l'intervention du père dans les relations des époux semblait contraire aux principes mêmes du mariage, qui est la vie à deux, et la législation en se perfectionnant ne pouvait manquer d'y être contraire. L'émancipation de la femme finit par précéder son mariage, et elle cessa peu à peu de produire les effets juridiques qui pouvaient la rendre nuisible à ses intérêts. D'autre part, la tutelle perpétuelle à laquelle les femmes restaient assujetties quand elles n'étaient plus soumises à la puissance paternelle, tomba en désuétude; la tutelle de leurs parents civils, les agnats, fut même abrogée par une loi rendue sous l'empereur Claude; et au moment où le mariage rigoureux tombait lui-même en décadence, le mariage libre, affranchi de toutes les traditions du vieux droit de famille, et transformé lui-même, assurait à la femme sa place indépendante.

Le mariage libre prévenait toute confusion de la

fortune de la femme au profit du mari. Il laissait à la femme, ou plutôt primitivement au père de la femme, la propriété et la jouissance des biens qui n'étaient pas apportés par elle au mari à titre de dot ; il rendait ainsi le mari étranger à toute espèce de droit sur les biens paraphernaux de la femme. La femme pouvait, il est vrai, le charger de les administrer en qualité de mandataire. Mais généralement elle lui préférait un esclave, l'esclave paraphernal qu'elle gardait sous ses ordres, afin qu'il lui rendît tous ses comptes ; et c'est cet esclave que la comédie romaine met quelquefois plaisamment aux prises avec le mari qui cherche à le supplanter. Ainsi, quand il était pauvre, il se trouvait souvent dans la dépendance de sa femme ; s'il avait besoin d'argent, il était obligé de lui en demander, et elle ne lui prêtait souvent qu'à un taux usuraire ; pour gagner un sursis, ou pour obtenir un nouvel emprunt, le mari se soumettait à toutes les conditions ; les relations de créancier à débiteur étaient fréquentes entre les deux époux, et le mariage ne suspendait pas les actions qu'ils pouvaient exercer l'un contre l'autre.

L'indépendance que la conservation de leur fortune assurait aux femmes, et que les lois romaines avaient empruntée aux lois grecques, paraissait aux représentants des vieilles traditions être la dégradation de la majesté romaine ; aussi Caton chercha-t-il à enlever aux femmes leur plus grand moyen de puisstance en les frappant par la loi Voconia d'une certaine incapacité de recevoir par testament, afin de restreindre la part de leur patrimoine qui échappait à la gestion du mari. Mais cette injuste résistance ne pouvait rendre faveur aux principes du mariage rigoureux; les droits de la femme une fois reconnus par la loi, devaient survivre même à l'abus qu'elle pouvait en faire.

D'ailleurs le mariage libre, s'il laissait la femme maîtresse de son patrimoine, réservait au mari l'avantage d'une dot, qui dévait non-seulement suffire aux dépenses communes, mais encore contribuer à son enrichissement. Aussi les dots considérables mettaient-elles les femmes en honneur; elles les faisaient rechercher avec un empressement que le vertueux Caton n'était pas le dernier à partager; les jeunes filles qui n'étaient pas dotées, trouvaient difficilement des maris; le mariage devenait déjà une affaire, et le vilain mot d'établissement se retrouve dans les doléances des parents :

> Virginem habeo grandem, dote cassam atque illocabilem.
> (*Aulularia*, acte III, scène 6.)

La propriété de la dot réservée à la femme dans les lois grecques passait au mari dans le droit romain; l'acquisition de plein droit et universelle de la fortune de la femme, qui était la conséquence du mariage rigoureux, était aussi remplacée dans le mariage libre par un apport spécialement déterminé. Cet apport restait à la libre disposition du mari; une large part était donc encore faite à ses droits.

Mais les garanties de la restitution de la dot ne pouvaient être justement refusées à la femme. Elles commencèrent à lui être assurées en cas de divorce, à moins que le divorce ne résultât de sa faute et n'attribuât alors au mari un droit de rétention plus ou moins étendu suivant la gravité du délit de la femme et le nombre des enfants. La restitution de la dot fut ensuite stipulée en cas de prédécès du mari; et ce fut désormais à ses héritiers qu'elle put être réclamée. Enfin, elle fut rendue générale par Justinien, et elle eut lieu même en cas de prédécès de la femme au profit de ses héritiers.

Ainsi, la constitution de dot avait été dans l'origine une vraie donation irrévocable faite au mari; l'usage des stipulations et la jurisprudence commencèrent à faire prévaloir l'obligation de la restituer; l'ancienne règle qui assurait au mari un droit de rétention ne devint plus peu à peu qu'une exception, et elle finit même par être tout à fait supprimée.

La garantie de la restitution de la dot pouvait devenir illusoire, si la dot venait à être dissipée. Dès lors le droit de libre disposition devait être peu à peu enlevé au mari; en effet, tant que la dot restait aliénable à son gré, elle pouvait, à la dissolution du mariage, ne plus consister qu'en une créance sur le mari, et cette créance pouvait être illusoire à raison de l'insolvabilité du débiteur. La sécurité de la dot n'était donc pas encore assurée. Dès lors on commença à faire la distinction de la dot estimée et de la dot non estimée. La dot estimée fut seule considérée comme vendue : elle continua à rester la propriété du mari, et ne donna toujours à la femme qu'un droit de créance.

Sous le règne d'Auguste, la loi Julia commença par exiger le consentement de la femme pour l'aliénation du fonds dotal, et par en interdire l'hypothèque, même avec son consentement. Ces dispositions ne s'appliquaient qu'aux propriétés d'Italie, et elles furent destinées à mettre le bien de la femme à l'abri des prodigalités du mari, et à lui assurer une protection contre le divorce qui la rejetait fréquemment dans la société sans moyens efficaces de recouvrer une fortune souvent dissipée.

Justinien étendit la loi Julia à tout le territoire de l'empire ; il y ajouta la prohibition d'aliéner la dot même avec le consentement de la femme ; il établit ainsi le principe de l'inaliénabilité, garanti par la prohibition de la restitution même volontaire de la dot pendant le mariage. Il voulut que le fonds dotal fût mis hors du commerce ; et il exagéra ainsi la protection légitime qui devait être accordée aux intérêts de la femme, en lui retirant le droit d'en être elle-même juge. Enfin, il étendit encore plus loin sa sol licitude en lui accordant une hypothèque légale et générale sur les biens de son mari, et il en vint à lui donner la préférence sur les créanciers antérieurs au mariage. Il compléta ainsi ce système de garanties et de priviléges qui prenaient la place des anciennes injustices et qui lui ont mérité ce beau surnom d'empereur conjugal, *imperator uxorius*.

La restriction des droits du mari sur la dot fit peu à peu considérer la femme comme en restant propriétaire pendant le mariage, au moins naturellement, disent les jurisconsultes; on n'attribua plus au mari qu'un domaine imparfait, et sa condition finit par être à peu près assimilée à celle d'un usufruitier.

Le seul droit qui fut conservé au mari fut celui de la jouissance de la dot; la dot lui était donnée pour le mettre en mesure de supporter les charges du mariage; elle ne pouvait donc lui être reprise tant que le mariage durait, et l'emploi qu'il faisait des revenus qui en provenaient pouvait même lui profiter : ainsi, à défaut de preuves contraires, toute acquisition du mari pendant le mariage était présumée provenir de ses propres deniers (1). La femme ne pouvait qu'exceptionnellement se faire restituer sa dot pendant le mariage, lorsque le mari cessait de lui offrir des garanties suffisantes; elle en recouvrait

(1) Loi Quintus Mucius, 51, Dig. *De donat. inter virum et ux.*

alors la libre administration, en restant assujettie comme le mari à l'interdiction de l'aliéner.

Ainsi le mariage libre laissait à la femme, avec la propriété de sa dot garantie par les précautions les plus prévoyantes, la part de droits la plus étendue sur toute sa fortune. Il avait commencé par faire passer la dot dans le patrimoine du mari comme une rançon de la captivité de la femme; mais la captive finit par rester indépendante en gardant la rançon. Il restreignait ainsi le pouvoir du mari sur les biens de la femme à une simple jouissance des biens dotaux. L'incapacité de la femme mariée ne pouvait donc pas trouver place dans le système du mariage libre; le mariage libre rendait la femme mariée dans la vie civile l'égale du mari; mais au lieu de faire servir cette égalité à l'association des intérêts des deux époux, il aboutissait à les rendre étrangers l'un à l'autre.

Ainsi la capacité n'était retirée à la femme que dans le cas où son engagement pouvait profiter au mari; les souvenirs d'oppression qu'avait laissés le mariage rigoureux faisaient craindre que la liberté donnée à la femme ne vînt à être tournée à son détriment par le mari, et provoquaient la méfiance du législateur. L'annulation de toute obligation de la femme en faveur du mari résulte des édits d'Auguste et de Claude. Telle fut l'origine de la défense faite à la femme d'hypothéquer son bien dotal, qui fut antérieure de six siècles à la prohibition de l'aliénation de la dot. L'hypothèque du bien dotal consentie par la femme équivalait en effet nécessairement au cautionnement de son mari; et c'était ce cautionnement qui lui était interdit.

Mais, quand les femmes eurent commencé à être ainsi protégées contre elles-mêmes à l'égard de leurs maris, le besoin se fit sentir de les protéger également contre elles-mêmes à l'égard des tiers. Aussi le législateur leur donna-t-il, par le sénatus-consulte Velléien, à elles et à leurs héritiers, le droit de se refuser à l'accomplissement de toutes les obligations qu'elles pourraient contracter pour le compte d'un étranger aussi bien que pour le compte du mari. L'époque à laquelle remonte ce sénatus-consulte n'est pas connue; il est seulement certain qu'il n'est pas antérieur au règne de Claude, ni postérieur à celui de Vespasien.

Le sénatus-consulte n'empêche pas la femme de s'obliger pour elle-même; l'obligation qu'il lui interdit de contracter est l'obligation pour autrui, c'est-à-dire, d'après l'expression des jurisconsultes, l'intercession.

Les intercessions sont divisées en deux classes, suivant que la femme se charge d'une obligation ancienne ou d'une obligation nouvelle (1).

1° La femme se charge d'une obligation ancienne, c'est-à-dire d'une obligation précédemment contractée par un autre débiteur (ce débiteur fût-il un étranger ou son

(1) L. 8, § 1, Dig. *ad s.-c. Velleianum*.— L. 18, Code, *eod. tit.*

mari), soit en participant à l'obligation, soit en la transportant sur elle-même.

La femme participe à l'obligation dans trois cas : 1° quand elle se porte caution (1); 2° quand elle fait par simple pacte une promesse de payer, c'est-à-dire un constitut (2); 3° quand elle donne un gage (3).

La femme transporte sur elle-même une obligation préexistante, soit en prenant la place du débiteur auquel elle se substitue (4), soit en prenant à son compte la condamnation prononcée contre lui en justice (5).

2° La femme se charge d'une obligation nouvelle dans deux cas : 1° lorsqu'elle donne mandat à une personne de prêter de l'argent à une autre; 2° lorsqu'elle intervient dans un prêt d'argent, en recevant d'un tiers envers lequel elle s'oblige, une somme qu'elle se charge de prêter à une autre personne.

Il ne s'agit pas pour la femme de l'interdiction de prêter : le sénatus-consulte Velléien ne protége que la femme qui s'oblige; il ne vient pas à son aide quand elle paye pour autrui, sans s'y être auparavant obligée, quand elle donne en payement, quand elle aliène, quand elle fait une donation. — Les jurisconsultes romains ont toujours cherché à mettre des entraves aux obligations bien plus qu'aux aliénations, en présumant qu'on peut généralement être plus disposé à s'obliger qu'à donner.

(1) L. 6, 7, 30, § 1, D. h. t. — L. 15, C. h. t.
(2) L. 1, § 1, D. *de Pecunia constituta*.
(3) L. 7, C. h. t.
(4) L. 16, C. h. t.
(5) L. 2, § 5; L. 23, D. h. t.

Quatre exceptions ont été faites au sénatus-consulte Velléien, dans des circonstances très-favorables.

D'abord, lorsqu'un mineur est créancier, si la femme intervient pour son débiteur, ce débiteur devient-il insolvable, l'intérêt du mineur et l'intérêt de la femme sont en présence; et comme il faut nécessairement donner la préférence à l'un ou à l'autre, c'est en faveur du mineur que la loi se décide en rendant valable l'obligation de la femme (1).

Ensuite le sénatus-consulte n'est pas applicable lorsqu'une femme a promis ou garanti une dot, lorsqu'une femme a promis une somme d'argent pour l'affranchissement d'un esclave, où enfin lorsqu'elle a reçu une somme d'argent comme prix de son intervention. Dans ces divers cas, d'après les réformes introduites dans l'ancienne législation par Justinien (2), la femme est tenue d'accomplir son obligation.

Le sénatus-consulte Velléien a pour effet principal l'annulation de l'obligation de la femme; il lui donne un moyen de défense contre l'action du créancier à l'égard duquel elle s'est engagée pour le compte d'un tiers, et il étend même cette protection exceptionnelle aux héritiers de la femme (3). Toutefois cette libération ne s'applique pas à l'égard du créancier de bonne foi, auquel le sénatus-consulte ne porte aucun préjudice. D'ailleurs les intérêts du créancier, lors même qu'il n'est pas de bonne foi, ne sont pas entièrement sacrifiés; son action revit contre son débiteur primitif.

(1) L. 12, D. *de Minor.* xxv *annis.*
(2) L. 25, 24, 23, C. h. t.
(3) L. 20, C. h. t.

Dans le cas où la femme ne s'est pas prévalue de ses moyens de défense et a exécuté son obligation, elle peut prendre deux partis. Elle peut exercer contre le créancier une action (*condictio*) pour reprendre ce qu'elle a payé, ou bien intenter contre le débiteur l'action du mandat (1). Enfin, si en s'obligeant elle a donné une chose en gage, elle a le droit de la ressaisir en la revendiquant contre le créancier et contre les acquéreurs.

La nullité de plein droit a été substituée par Justinien à la faculté d'annulation donnée à la femme dans deux circonstances particulières : 1° lorsque l'intervention de la femme, dans les cas exceptionnels où elle est autorisée par dérogation aux dispositions du sénatus-consulte, n'a pas été constatée dans un acte public signé de trois témoins (2) ; 2° lorsque l'intervention de la femme a eu lieu au profit du mari (3).

Enfin le sénatus-consulte cesse de pouvoir être opposé au créancier de l'ancien débiteur libéré par l'intervention de la femme, et la femme perd le droit d'opposer son moyen de défense :

1° Lorsqu'elle succède au débiteur pour lequel elle est intervenue, et prend ainsi sa place (4) ;

2° Lorsqu'elle a reçu de celui pour lequel elle est intervenue une somme égale à celle qu'elle a promise à son créancier pour sa libération (5) ;

(1) L. 8, § 3, L. 9, C. — L. 31, D. h. t.
(2) L. 23, § 2, C. h. t.
(3) Nov. 134, ch. VIII.
(4) L. 8, § 12, D. h. t.
(5) L. 16, p. Dig. h. t.

3° Lorsqu'elle a confirmé son intervention par un nouveau cautionnement ou par un nouveau gage deux ans après : on ne peut pas alors présumer que la réflexion lui a manqué (1);

4° Lorsqu'elle a renoncé au sénatus-consulte. D'après certains interprètes, cette faculté de renonciation doit être restreinte au cas où, soit une mère, soit une aïeule, veut être tutrice de ses enfants (2), et au cas où elle accepte le jugement prononcé contre celui pour lequel elle est intervenue (3), cette acceptation équivalant à un payement, et le payement n'étant pas interdit à la femme. — Au contraire, suivant l'opinion la plus commune, la faculté de renonciation, expressément accordée à la femme lorsqu'il s'agit de renoncer en faveur d'une ou plusieurs personnes déterminées à son hypothèque légale (4) sur les biens de son mari, était générale en toute circonstance, d'après la règle que toute personne peut renoncer à un droit introduit en sa faveur par une loi (5); il s'agirait seulement alors de savoir si l'interdiction résultant du sénatus-consulte n'était pas une disposition d'ordre public qui ne pouvait être changée par aucune convention particulière. — Quoi qu'il en soit, si la renonciation au sénatus-consulte était en toute circonstance le droit de la femme, l'importance du sénatus-consulte serait bien moindre, et la garantie prise contre l'obligation de la femme pour le compte d'autrui aurait couru beaucoup de

(1) L. 22, C. h. t.
(2) Nov. 118, ch. v.
(3) L. 32, § 4, D. h. t.
(4) L. 21, C. h. t.
(5) L. 29, C. *de Pactis*.

risques. Mais dans une législation qui reconnaissait en principe la capacité pleine et entière de la femme, il est facile de comprendre que la protection ne pouvait guère lui être assurée contre son gré.

Il faut d'ailleurs conclure sans hésitation que l'incapacité particulière à laquelle la loi avait soumis la femme, mariée ou non, dans un cas où elle pouvait rendre sa condition pire, n'était que facultative : la femme, quand même elle n'aurait pas eu le droit d'y renoncer, aurait toujours eu celui de ne pas l'invoquer.

L'intérêt de la puissance maritale était entièrement étranger au sénatus-consulte Velléien, et c'était même pour prévenir toute intervention du mari dans les affaires de la femme que l'intervention de la femme avait été primitivement prohibée. Le législateur n'avait pas voulu accorder à la femme qui aurait été disposée à s'obliger pour son mari le droit de lui donner son assistance, dans la crainte que le mari ne l'exigeât. Les précautions semblaient donc être plus rigoureusement prises à l'égard du mari qu'à l'égard d'un étranger, parce que la protection de la femme paraissait alors plus nécessaire. Ainsi, tandis que l'obligation de la femme pour un tiers fut déclarée valable par Justinien, quand elle était confirmée par un nouveau cautionnement ou par un nouveau gage deux ans après (1), l'obligation de la femme pour son mari, quoique renouvelée et confirmée ultérieurement, fut, au contraire, déclarée nulle, et ce fut, comme nous l'avons dit, d'une nullité de plein droit (2) qu'elle fut frappée.

(1) L. 22, C. h. t.
(2) Nov. 134, ch. VIII.

La garantie de la séparation de ses intérêts et de ceux du mari était la protection que le mariage libre donnait à la femme. Il eut dès lors pour conséquence la prohibition des donations entre époux, qui furent plus tard, il est vrai, permises sous certaines conditions, mais qui restèrent soumises à la révocation pendant toute la vie du donateur, et qui par conséquent n'eurent jamais le caractère essentiellement propre aux donations entre-vifs. La crainte de la violence du mari ou de la séduction intéressée de la femme, telle était la triste préoccupation du législateur, et la corruption des mœurs venait souvent la justifier.

Aussi les deux époux étaient-ils soigneusement armés l'un contre l'autre, et conservaient-ils réciproquement tous les droits qu'auraient pu exercer deux personnes étrangères à toute vie commune. La distinction des deux patrimoines était si rigoureusement établie, qu'un mari avait contre sa femme l'action de la loi Aquilia (1), afin de lui faire réparer le dommage qu'elle avait pu causer aux bijoux qu'il lui avait prêtés, et que le mari ou la femme pouvait intenter l'un contre l'autre un procès pour soustraction d'objets (*actio rerum amotarum*), qui semble être le diminutif de l'accusation de vol.

Ce fut seulement l'influence des idées chrétiennes qui commença à faire abaisser, mais lentement,

(1) L. 27, § 30. — L. 56, *Ad leg. Aquil.*, D. IX, 2.

quelques-unes des barrières qui s'élevaient entre les deux époux. Telle fut la cause de l'abrogation des lois décimaires qui, jusqu'à Théodose le Jeune, mesuraient les donations entre mari et femme sur le nombre des enfants ; ainsi s'explique également la reconnaissance d'un droit de succession que Justinien accorde à l'époux pauvre (1) et ensuite à la veuve pauvre seulement (2), sur les biens de l'époux prédécédé, en concurrence avec les enfants et les autres parents. Mais le caractère propre à la seconde époque de la législation romaine survécut toujours à ces réformes partielles, et les principes contraires à toute association de droits et d'intérêts entre les époux continuèrent à y prévaloir.

C'étaient d'ailleurs les mœurs qui avaient forcé les lois à faire deux parts entièrement distinctes de la fortune du mari et de la fortune de la femme. Les progrès du divorce, favorisés par le mariage libre, faisaient de la société conjugale une société passagère qui ne servait, pour ainsi dire, à chacun que de campement; le droit de dissolution arbitraire du mariage, également étendu aux deux époux, mit entre les femmes et les maris une honteuse émulation d'inconstance. Longtemps victimes de la répudiation pour les causes souvent les plus frivoles, les femmes s'en emparèrent à leur tour

(1) Nov. 53.
(2) Nov. 117.

comme par droit de conquête, et la firent servir à la satisfaction de toutes leurs passions. Il y en avait, dit gravement Sénèque, qui ne comptaient plus leurs années par le nombre des consuls, mais par le nombre de leurs maris (1). La licence était venue à la suite de la tyrannie : telle est, dit M. Troplong (2), la marche ordinaire des choses humaines.

Sans doute la législation ne resta pas indifférente à de tels désordres; mais ses efforts furent toujours insuffisants et impuissants. Auguste, après avoir profité du divorce pour lui-même en épousant Livie, chercha à le restreindre en l'assujettissant à certaines formes solennelles, en punissant l'époux qui l'avait provoqué par ses mauvaises mœurs. Le premier empereur chrétien, Constantin, détermina rigoureusement les causes légales qui seules pouvaient laisser le divorce impuni, et frappa de peines sévères toute dissolution du mariage qui n'était pas reconnue par la loi; ses successeurs, Honorius, Théodose le Jeune, dans leurs constitutions, abaissèrent peu à peu ces barrières qui tenaient trop durement en échec les vieilles habitudes d'une société corrompue. Justinien chercha à donner aux doctrines de la religion nouvelle une meilleure satisfaction en ne reconnaissant la légitimité du divorce que dans certaines circonstances

(1) Sénèque, *De beneficiis.*

(2) *De l'Influence du christianisme sur le droit civil des Romains.*

déterminées, du reste encore assez multipliées, et en y opposant, toutes les fois qu'il n'était pas justifié, des peines pécuniaires jointes à des dispositions gênantes pour un nouveau mariage. Mais la femme, comme le mari, ne garda pas moins le droit, dans des conditions à peu près égales pour l'un ou pour l'autre époux, de pouvoir rompre à ses risques et périls les liens dont elle voulait se dégager, et le caractère de stabilité permanente nécessaire à la bonne constitution de la société conjugale fit toujours défaut. L'indissolubilité du mariage ne fut donc pas consacrée; elle n'avait trouvé sa place ni dans l'ancien mariage rigoureux, où elle n'était imposée primitivement qu'à la femme, ni dans le mariage libre, où elle n'était imposée ni à l'un ni à l'autre époux. Avant de passer dans les lois, il fallait qu'elle entrât dans les mœurs : telle fut l'œuvre que la religion chrétienne pouvait seule se charger de commencer et d'achever.

Après que le mariage rigoureux avait soumis la femme à une condition où elle cessait d'être elle-même pour appartenir à son mari, le mariage libre l'avait à la fois délivrée et émancipée; il lui avait laissé une indépendance qu'elle n'avait pas encore connue; il lui avait fait conquérir une égalité sans doute légitime en soi, mais que les lois n'avaient nullement assujettie à aucune règle, ni les mœurs à aucun frein. Ce n'était pas seulement la puissance du mari qui avait été limitée ou supprimée, c'était son intervention qui avait été écartée, et la liberté de la femme succédant tout à coup à sa sujétion, improvisée en quelque sorte, avait pu devenir aussi dangereuse que l'ancienne oppression du mari, pour le bon ordre de la société conjugale ; il fallait que les devoirs des deux époux, à leur tour proclamés et reconnus, vinssent prendre place à côté de leurs droits.

Le mariage rigoureux avait supprimé la personne de la femme au profit de celle du mari ; le mariage libre fit des deux époux deux personnes étrangères l'une à l'autre, vivant chacune pour soi, rapprochées mais non unies, et toujours séparées dans leurs intérêts. La communauté de l'existence et de la fortune ne trouva place ni dans l'un ni dans l'autre mariage ; les époux ne purent jamais dire d'aucune part de leur patrimoine : Elle est nôtre. Aussi, quand Columelle parle avec regret de l'époque où rien n'était partagé dans la maison conjugale, où tout appartenait également au mari et à la femme (1), il cédait à l'attrait si commun d'embellir le temps passé de tout ce qui manquait au temps présent. Malgré tout ce que la législation romaine fit pour la condition de l'épouse, l'unité de deux vies, qui servit de définition à quelques jurisconsultes, ne fut jamais qu'une fiction ou qu'une espérance.

(1) Nihil conspiciebatur in domo dividuum, nihil quod aut maritus aut fœmina proprium esse juris sui diceret.

DEUXIEME PARTIE.

CHAPITRE PREMIER.

De la condition de la femme mariée dans la société chrétienne.

La religion chrétienne donna à la condition de la femme, dans la famille de son mari aussi bien que dans celle de son père ou de ses enfants, une grandeur à laquelle elle ne pouvait pas s'élever dans la société païenne; elle substitua à l'ancien mariage un mariage nouveau, où les relations de la femme et du mari prirent tout à coup un caractère tout différent, parce qu'elles ne pouvaient plus être brisées. La dignité et la sainteté d'un sacrement venaient ajouter une solennité inconnue à un contrat qui n'avait eu jusqu'alors aucun caractère public. Les promesses de fiançailles empêchaient le mariage d'être en quelque sorte improvisé. Les engagements des époux étaient mis sous la garde de cette parole de commandement : « Que l'homme ne sépare pas ce que Dieu a uni. » La législation du christianisme, plaçant au-dessus de tout accommodement une règle inflexible, ne permettait ni au mari qui avait renvoyé sa femme pour adultère de prendre une autre femme, ni à la femme renvoyée d'être épousée par un autre mari. L'indissolubilité ainsi établie donnait en même temps à la femme une protection pour elle-même et une protection contre elle-même. Elle l'empêchait d'être traitée dans la maison conjugale comme l'était encore l'épouse romaine, qui avait bien, il est vrai, le droit de partir quand elle voulait, mais qui pouvait aussi chaque jour recevoir son congé; elle la faisait remonter au rang de compagne. D'un autre côté, la femme, relevée par la main douce et forte de l'Église de la dégradation où l'avaient précipitée tous les désordres du divorce, se trouvait assujettie comme le mari aux devoirs rigoureux de la foi donnée, qui ne devait plus être trahie, et qui ne pouvait plus se reprendre; sa destinée était désormais inséparablement associée à celle d'un compagnon avec lequel elle devait vivre, disait Tertullien, dans la paix comme dans les traverses, unis tous deux dans les mêmes joies et les mêmes souffrances, et ne se quittant ici-bas que pour être destinés à se retrouver. La religion chrétienne conservait à la femme l'égalité dans la société conjugale; mais elle ramenait l'égalité à la réciprocité des devoirs entre époux : en imposant à l'homme pendant le mariage la fidélité, qui jusqu'alors n'avait guère été demandée qu'à la femme (1), elle proclamait qu'ils se devaient tous deux l'un à l'autre, et changeait ainsi toutes les idées reçues.

Le christianisme allait achever dans la famille et dans la société l'œuvre que la législation romaine avait seulement commencée. Il reprenait les premières traditions de l'humanité, qui faisaient naître la femme, non de la tête de l'homme, parce qu'elle ne doit pas le dominer, mais de son côté, du côté le plus proche de son cœur, parce qu'elle doit être une partie de sa vie; il ajoutait l'autorité de ses enseignements, qui donnaient une femme pour mère au fils de Dieu; il mettait le type de Marie bénie entre toutes les créatures à la place du type de l'ancienne Ève maudite (2); il consacrait dans ses livres sacrés la fidélité des saintes femmes agenouillées au pied de la croix. Plus tard, dans les bons et les mauvais jours, c'étaient encore les femmes qu'il avait appelées à son aide, et elles étaient venues de toutes parts : patriciennes et plébéiennes, vierges, épouses, veuves, mères, elles n'avaient pas manqué au rendez-vous funèbre du cirque romain, également prêtes à une sainte vie et à une mort courageuse. Esclaves opprimées d'autrefois, parvenues d'hier à la liberté avec des mœurs corrompues d'affranchies, elles avaient

(1) Ce que nous défendons aux femmes, nous ne le permettons pas aux hommes. Saint Jérôme, *de Morte Fabiolæ*, lett. 77.

(2) Saint Ambroise, *de Institutione virginis*, chap. v.

tout à coup montré au monde que dans la société chrétienne elles étaient à la hauteur de leur nouvelle vocation. Déjà c'était à des femmes que s'adressaient les pages éloquentes des interprètes et des propagateurs de la foi nouvelle, des Tertullien, des saint Jérôme et des saint Ambroise; c'était avec sa mère que saint Augustin s'élevait aux contemplations les plus sublimes : et voilà toutes les barrières derrière lesquelles la femme était tenue en dehors de la vie de l'intelligence et de la vie de l'âme, qui s'abaissent et qui tombent. La dignité de sa destinée était reconquise.

Dans cette grande réforme morale si favorable à la condition de la femme, le christianisme seul avait cet élan vers l'avenir qui donne le courage d'oser et la force de réussir; mais, s'il marqua son passage dans la législation romaine, il n'y fit ni brusquement ni complétement son entrée; son apparition y ressembla longtemps à celle de la lumière quand vient cette heure douteuse où, n'étant déjà plus nuit, il n'est pas encore tout à fait jour. Il ne resta pas indifférent au progrès des lois, mais il se retrancha avec confiance dans l'empire qu'il exerçait sur les mœurs : aussi peut-on trouver instructif un exemple choisi entre mille autres, celui de Fabiola, descendante d'une des plus illustres familles, qui, s'étant séparée de son mari, voulut se remarier, croyant que l'Évangile ne défendait pas ce que le Code permettait. Mais l'entrée dans tous les lieux saints lui fut interdite ; elle fut retranchée de la communion des fidèles, et l'Église, attendant qu'elle se repentît, ne laissa pas sa doctrine se plier à la loi humaine. Ainsi, dans cette société romaine, destinée bientôt à passer à son tour, était née et avait grandi une autre société qui devait lui survivre, la société chrétienne. Pendant que les vieilles murailles de l'empire, battues en brèche de toutes parts, tombaient pierre à pierre, dans cette grande place assiégée s'était déjà élevé un autre rempart qui demeura inébranlable au choc des assaillants, le rempart de l'Église, devant lequel les peuples barbares vinrent s'arrêter et faire leur soumission.

Du reste, la parole emportait déjà la doctrine chrétienne dans des pays nouveaux ; et l'Église, en se chargeant de l'éducation des nations barbares, allait prendre en main la défense de tous les intérêts de la femme. Aucun effort ne lui coûte, soit pour combattre les usages qui pouvaient autoriser la polygamie, soit pour opposer aux habitudes constantes, et plus tard aux tentatives de répudiation, la grande loi de l'indissolubilité du mariage tempérée seulement par la séparation de corps, qui est accordée également aux deux sexes. Sans doute elle vint se heurter contre l'ardeur violente de ces rudes Germains, toujours prêts à croire que quelque chose manquait à leur liberté, s'ils n'étaient pas tyrans à leur aise ; ensuite elle eut à résister aux passions brutales de l'âge féodal, qui envahirent jusqu'à un synode, où l'on discuta la question de savoir si la femme avait une âme. Mais l'Église eut beau paraître quelquefois céder isolément au mouvement des idées du temps, parce qu'on ne peut pas échapper à l'influence de son siècle même en la combattant, elle ne déserta jamais la lutte; elle ne recula devant aucun adversaire, ni devant le roi Lothaire, auquel résista le pape Nicolas Ier, ni devant Philippe-Auguste, contre lequel Innocent III protégea Ingeburge; et enfin, au seizième siècle, elle ne céda pas davantage aux grossières fantaisies de Henri VIII. Elle se servit, pour triompher, de la force que purent lui donner les mœurs et les institutions des peuples nouveaux; elle opposa dans ses cours ecclésiastiques, aux dispositions des coutumes les plus rigoureuses à l'égard des droits de l'épouse, les traditions plus libérales de la législation romaine; et c'est ainsi que la condition de la femme dans la société chrétienne tendit peu à peu à devenir la condition de la femme dans la société civile.

CHAPITRE DEUXIÈME.

De la condition de la femme mariée dans le droit germanique.

L'organisation particulière de la famille dans la société germaine donna à la puissance maritale un caractère qui ne peut pas se confondre avec les principes romains du mariage rigoureux ni du mariage libre. La famille germaine n'est pas un petit État où il n'y ait qu'un maître et des sujets, où le maître puisse dire : « La famille, c'est moi. » Elle est une association dont tous les membres ont des droits communs. Les plus faibles y sont sous la protection du chef, qui doit poursuivre jusqu'à la mort la vengeance et la réparation des crimes dont ils peuvent être victimes. Le chef doit donc être celui qui peut servir de protecteur ; la nécessité de la protection sert de fondement aux droits du père et aux droits du mari. Le père et le mari sont, comme dit Tacite, les premiers soldats de la famille : mais ils ne la tiennent pas sous leur domination arbitraire ; ils l'ont sous leur garde (1). Il y a donc lieu d'établir une importante différence entre ces deux sortes de gouvernement de la famille, aussi bien qu'entre les mots qui les représentent, entre le mot latin *potestas* et le mot saxon *mund* (mundium).

La dépendance de la femme ne tient pas à sa qualité d'épouse ; elle la suit dans toute condition, et il faut convenir que dans une société barbare elle était à peu près la seule garantie de sa sécurité. La tutelle de la femme, empruntée aux lois de l'Inde, avait passé en Germanie ; elle était exercée avant le mariage par le père,

(1) Voir M. Laboulaye, *Recherches sur la condition civile et politique des femmes.*

le frère ou tout autre parent paternel; après le mariage, par les héritiers du mari, et même, d'après la loi lombarde, par les fils. Mais cette tutelle n'aboutissait pas à la servitude, et peu à peu elle se concilia avec la reconnaissance de certains droits, qui, sans donner à la femme la jouissance de son indépendance, commencèrent cependant à faire une part assez étendue à sa capacité : ainsi, dans la loi des Bourguignons et des Wisigoths, la mère veuve eut la tutelle de ses enfants mineurs, et la véritable place qu'elle doit occuper dans la famille auprès de ceux auxquels elle a donné naissance ne lui fut pas refusée.

Toutefois la condition inférieure de la femme paraît, d'un autre côté, résulter des habitudes de vente et d'achat qui restèrent longtemps propres au mariage germain. Le choix de son mari n'appartenait pas, au moins primitivement, à la fille. Le père était dispensé de lui demander son consentement; il ne la laissait pas se marier, il la mariait. Le christianisme, qui faisait du mariage l'union des âmes, rendit à la fille le droit de se prononcer elle-même avec l'assistance de ses parents. — Le père semblait seul intéressé au mariage de sa fille, parce qu'il vendait au mari son droit de garde, son *mundium*. Le taux légal du mundium est souvent fixé par la loi; le plus ordinairement il est laissé à la décision des parties intéressées. Quand il s'agit d'une veuve qui se remarie, la somme est plus élevée, et c'est aux héritiers du premier mari qu'elle est payée. Cette constitution de prix est commune à tous les peuples du Nord sous des noms divers ; elle ne paraît pas avoir été comprise par Tacite, qui transformait le mari acheteur en donateur, et qui prenait pour un apport de dot de sa part ce qui n'était que le payement de son acquisition. Cette explication de Tacite n'était qu'anticipée. Le prix du mundium, payé dans l'origine aux parents seuls de la femme, partagé plus tard entre eux et la femme, comme l'établit la loi des Saxons, finit par appartenir exclusivement à la femme. La *metha* des Lombards est le prix d'achat transféré à la femme ; Rotharis la désigne en propres termes comme ayant cette destination ; et le prix nuptial, vestige de l'ancienne acquisition, finit par se confondre avec les autres libéralités du mari. Ce fut l'autorité prise dans les lois barbares par le christianisme qui, après avoir contribué à consacrer pour la femme le droit de consentir au mariage, fit reconnaître en sa faveur le droit de recevoir ; et ainsi seulement se trouvèrent garanties sa personne et sa fortune, c'est-à-dire sa dignité et son indépendance.

La même transformation peut se signaler dans les rapports du mari et de la femme. Tant que le mariage ne fut légalement qu'un marché, il est évident que le mari dut s'attribuer tous les droits d'un acheteur, et la polygamie put entrer ainsi naturellement dans les usages des chefs les plus riches ; celui qui payait une somme pour avoir une femme pouvait en acquérir également plusieurs à prix d'argent. D'un autre côté, les mœurs souvent féroces, jointes aux doctrines de la mythologie scandinave, perpétuaient chez certains peuples, comme les Hérules, la barbare tradition de l'immolation des veuves, à la mort du mari; les femmes qui venaient à lui survivre passaient dans l'opprobre le reste de leurs jours. Ce n'était pas impunément toutefois que l'indépendance du rude Germain se trouvait engagée dans les puissantes attaches de la vie conjugale, et les habitudes d'oppression de la femme, plus tard combattues énergiquement par les enseignements de la religion chrétienne, ne paraissent pas avoir jamais exclu les garanties qui laissèrent à l'épouse au moins sa personnalité. D'ailleurs les lois barbares, à mesure qu'elles se réformaient, assuraient à ses droits une part chaque jour plus étendue, et c'est par la protection qu'elles lui accordèrent qu'on peut reconnaître celles qui portent l'empreinte d'une civilisation plus avancée.

La puissance maritale attribue au mari toute l'autorité du commandement : dans la plupart des formules et des chartes, c'est le nom de seigneur ou de maître qui lui est toujours donné. La femme semble bien lui appartenir. Ainsi, non-seulement c'est à lui que revient le prix de composition ou *wehrgeld*, qui, par application de la loi pénale propre aux peuples germains, doit être payé par le meurtrier ou le ravisseur de la femme, mais c'est toujours en son pouvoir que tombent les enfants nés pendant l'enlèvement, par une bizarre conséquence du *droit de part* qui lui était attribué. En outre, la justice domestique était entre ses mains, et la peine réservée aux plus grands crimes, la mort, était prononcée ordinairement contre la femme qui s'était rendue coupable de désobéissance, de révolte ou d'infidélité à son égard. Mais l'obligation de la faire condamner par un tribunal de famille lui était imposée. De plus, il pouvait lui-même à son tour devenir responsable de l'usage abusif qu'il avait fait de sa puissance; s'il intentait contre sa femme une accusation calomnieuse d'adultère, s'il la persécutait, s'il la maltraitait, il pouvait être puni, d'après la loi des Lombards, par la perte de tous ses droits (1). S'il la tuait injustement, il ne pouvait rien garder de la fortune de sa victime; il était même condamné à une amende considérable (2), et plus tard ce fut une pénitence publique qui lui fut imposée par les Capitulaires.

Enfin l'incapacité civile de la femme, qui était sa condition générale dans toutes les lois barbares, faisait du mari son défenseur devant les tribunaux, ou même, s'il le fallait, son vengeur armé. En retour de cette protection, la femme était obligée d'obtenir, pour tout acte de poursuite judiciaire, pour tout acte

(1) Rotharis, L. 195, 196, 197.
(2) Rotharis, L. 200, 201.

d'aliénation ou de disposition de ses biens, l'approbation de son mari, chargé de veiller à tous ses intérêts. Aussi le pouvoir d'administrer sa fortune est-il délégué au mari pendant la durée du mariage ; il peut disposer du revenu du bien conjugal et se l'approprier, mais il ne peut aliéner les biens propres de sa femme, qui ne se confondent pas dans son patrimoine, et dont l'importance devait être du reste singulièrement restreinte par les lois de succession, qui ne laissaient jamais aux filles l'héritage des terres paternelles, des *alleux*, réservés à ceux qui étaient capables de défendre la famille.

Quoi qu'il en soit, les droits du propriétaire étaient ainsi refusés au mari sur les biens immeubles de sa femme, soit qu'elle les eût apportés au moment du mariage, soit qu'elle vînt plus tard à les acquérir. Quand il s'agissait de les vendre, le mari, dont le consentement était nécessaire pour l'aliénation, n'intervenait dans l'acte qu'en qualité de tuteur donnant son autorisation. De nombreuses chartes, faites suivant les lois salique, lombarde, allemande, montrent la femme prenant part elle-même à l'acte d'aliénation, tandis que le mari ne concourt qu'en vue de faire connaître son approbation. Souvent même la loi, se méfiant de l'obsession du mari, exige la présence de deux ou trois parents de la femme, qui participent à l'acte pour surveiller l'intérêt commun de la famille et s'assurer que ni le dol ni la violence n'ont surpris ou arraché le consentement de la femme. Enfin plus tard, dans le *Miroir* de Souabe, qui fut au XIIIe siècle la législation à peu-près générale de l'Allemagne, le droit de revendication fut réservé à la femme sur les biens que son mari avait aliénés, lorsqu'elle pouvait prouver ou seulement jurer qu'elle n'avait pas consenti à leur aliénation.

Ainsi, dans le droit germanique, la puissance maritale, tout en mettant la femme dans la dépendance de son mari, ne la livrait pas à sa discrétion. Elle ne produisait pas la confusion des deux personnes des époux dans la personne du mari ; elle ne refusait pas à la femme tous les droits civils, et lui laissait ceux de propriétaire.

Le mari ne pouvait disposer de la fortune de la femme sans son concours. Cette fortune comprenait les biens que la femme avait pu apporter avec elle de la maison paternelle, et dont le nom primitif, *faderfium* (*vater vich*, troupeaux du père), indique la nature la plus ordinaire. Elle s'augmentait de la donation appelée *Morgengabe*, don du matin, commune à tous les peuples germaniques, faite à la femme par le mari au réveil de la nuit des noces, qui représentait le prix de sa virginité et comme la récompense de son abandon. Cette donation ne pouvait être faite à la veuve ; la donation à la veuve se retrouve seulement dans certaines coutumes de la Suisse, sous le nom d'*Abendgabe*, don du soir. En outre, la dot fournie par le mari, et qui passait à ses héritiers, payée d'abord aux parents de la femme, payée ensuite à la femme elle-même, mais en restant confondue avec tous les autres biens du mari tant qu'elle ne consista qu'en objets mobiliers, finit par appartenir en pleine propriété à la femme; la femme en était saisie au moment du mariage, sauf le droit de retour au mari, dans le cas où elle prédécédait sans laisser d'enfants; et, dans un grand nombre de diplômes, sa participation à l'acte de vente des biens qu'elle avait reçus de son mari semble montrer qu'ils n'étaient pas non plus aliénables sans son aveu. Ainsi commença à naître le douaire, dans lequel la donation du matin, le Morgengabe, finit généralement par se confondre.

L'ancien mariage romain, qui mettait à la fois la personne et la fortune de la femme dans la main de son mari, et qui sacrifiait aux droits du mari tous ceux de la femme, resta inconnu aux lois barbares.

D'un autre côté, elles ne connurent pas davantage le mariage appelé *mariage libre*, qui laissait aux deux époux une égale indépendance, et qui, en s'opposant à toute association de leurs intérêts, les rendait en quelque sorte, dans la maison conjugale, étrangers l'un à l'autre. L'indépendance de la femme, incompatible avec l'organisation d'une société naissante, ne fut jamais opposée dans le droit germanique à la puissance maritale; et, en même temps, la séparation absolue qui s'était élevée entre les deux fortunes des époux commença à faire place à un système de rapprochement (1). Le concours du mari et de la femme exigé pour la vente des biens de la femme ; le droit de survie, peut-être même de copropriété (2), donné à la femme sur les acquêts ; le droit de survie étendu quelquefois en sa faveur sur les autres biens du mari (3) ; le droit de succession donné au mari sur les biens meubles de la femme acquis pendant le mariage, contribuèrent à préparer le régime meilleur qui devait établir entre les époux, pendant le mariage, un patrimoine appartenant en même temps à tous deux.

D'ailleurs la liberté du divorce, qui finit par relâcher à Rome tous les liens de la société conjugale, resta étrangère aux mœurs germaines. Le droit de répudiation était, il est vrai, reconnu quelquefois par les lois en faveur de la femme, pour certaines causes rigoureusement déterminées, mais sans lui laisser ordinairement la faculté de se remarier. Il appartenait régulièrement au mari ; mais, de bonne heure, des peines pécuniaires dont la rigueur était croissante empêchèrent qu'il ne devînt une faveur accordée à

(1) La loi lombarde, seule fidèle aux traditions romaines, interdit pendant le mariage les libéralités entre époux, sans préjudice du Morgengabe. Les autres lois les permettent, et ne font que leur imposer une limite.

(2) Formules 7 et 17, liv. II de Marculfe.

(3) Lois des Bavarois, des Bourguignons.

tous ses caprices, et l'on exigea qu'il fût justifié. La loi des Bourguignons renferme à cet égard deux dispositions qui se suivent, mais qui certainement ne sont pas contemporaines, dans lesquelles se reconnaît le progrès des temps. L'une permet au mari de répudier sa femme en payant une amende de douze sous d'or, et en rendant à la femme au double la valeur de la dot qu'elle lui a fournie au moment du mariage; l'autre, qui porte déjà l'empreinte de principes plus sévères, ne laisse au mari qui veut divorcer sans motif, d'autre parti à prendre que d'abandonner la maison conjugale, en laissant sa femme et ses enfants seuls maîtres de tous ses biens. Enfin le divorce par consentement mutuel était sans doute facilement autorisé; il est confirmé par la loi des Allemands; mais il ne semble pas avoir été fréquent; et quoique Tacite ait surtout en vue, dans son panégyrique de la Germanie, la satire de son temps et de son pays, c'était à bon droit qu'il opposait les habitudes chastes et fidèles des peuples barbares aux désordres de la famille romaine. La permanence du mariage, qui a été la grande conquête de l'Église, était ainsi préparée malgré la résistance isolée qu'y opposèrent les passions contrariées des princes; elle ne faisait pas violence aux mœurs germaines comme aux mœurs romaines, et elle se fit place bien plus aisément dans les lois.

Le respect de la femme peut se reconnaître dans

les traditions et dans les progrès du droit germanique : il n'excluait pas la supériorité de l'homme, brutalement consacrée, par exemple, dans les Capitulaires, qui déclaraient comme maxime légale qu'en justice la voix de l'homme devait toujours l'emporter sur la voix de la femme, parce qu'il était placé par la nature au-dessus d'elle (1). Mais, d'autre part, la sollicitude bienveillante du législateur s'était éveillée en sa faveur; l'injure qui lui était faite était punie d'une peine plus forte dans tous les Codes barbares, sauf dans celui des Wisigoths; et ainsi se développaient des sentiments inconnus aux anciens, qui, épurés par le christianisme, propagés par la chevalerie, devaient traverser le moyen âge et préparer la galanterie moderne. L'épouse germaine semblait de tout temps avoir senti elle-même la dignité de sa destinée; à la place des femmes orientales résignées à toutes les humiliations, l'histoire nous montre les femmes des Cimbres et des Teutons se donnant librement la mort pour ne pas tomber entre les mains de leurs vainqueurs; et elle nous cite l'exemple de cette fière Barbare rapportant à son mari la tête d'un centurion romain qui l'avait outragée, afin que deux hommes vivants ne pussent pas se vanter de l'avoir possédée. L'épouse germaine n'aurait pas pu recevoir cette méprisante qualification d'*animal sans pudeur*, donnée par

(1) Capitulaire de l'année 757.

Sénèque lui-même, l'époux de la vertueuse et intrépide Pauline, aux femmes de son temps (1). Aussi ce sexe jusqu'alors méprisé avait-il su prendre une autorité qu'il ne faut pas exagérer, mais qu'on ne doit pas non plus méconnaître ; ses conseils étaient devenus souvent les oracles de la paix, ils servaient d'encouragements aux combats ; et quand Tacite nous parle du prix attaché à son approbation, de la valeur de ses éloges, il semble déjà qu'on entende le cri chevaleresque : Si ma dame le savait ! Les mœurs contribuèrent ainsi à transformer les relations brutales de l'homme oppresseur et de la femme opprimée, et si elles perpétuèrent la dépendance souvent excessive de l'épouse, elles lui donnèrent, de concert avec les lois civiles et les croyances chrétiennes, les garanties de la protection. Le mariage germanique fut l'union encore imparfaite, mais déjà naissante, qui, par les habitudes d'une vie de travaux et de dangers vraiment commune, préparait à la femme, tantôt asservie, tantôt étrangère à son mari dans la législation romaine, une autre condition bien plus favorable aux intérêts de sa personne et de sa fortune, celle de compagne et d'associée.

(1) Sénèque, *De const. sap.*, ch. XIV.

CHAPITRE TROISIÈME.

De la condition légale de la femme mariée dans l'ancien droit français.

Les doctrines du droit romain et celles du droit germain dominées par les principes de la religion chrétienne suivirent leur double courant dans le mouvement de cette civilisation qui devait être la civilisation française ; elles se partagèrent le territoire et la législation du pays qui finit par former l'ancienne France. Dès lors, la condition légale de la femme mariée au point de vue de son incapacité doit être séparément étudiée dans les provinces qui furent appelées provinces de droit écrit, et dans celles qui furent désignées sous le nom de provinces de droit coutumier. Ce furent en effet deux systèmes distincts qui se trouvèrent, dans des lieux différents, mis en présence et comme opposés dès leur origine aussi bien que dans leurs développements. Toutefois ils ne cessèrent pas, au moins en droit, de pouvoir être préférés l'un à l'autre par ce libre choix des parties intéressées que consacraient les traditions des peuples barbares, et que notre ancienne législation reconnut. L'indépendance civile de la femme mariée jointe à un régime qui mettait sa fortune à part de celle du mari ; sa dépendance civile unie à ses droits successivement élargis d'associée, telle fut dans l'ancien droit, à travers toutes les vicissitudes et toutes les transformations, la double charte de la société conjugale.

SECTION I.

Droit écrit.

Le droit romain avait jeté de bonne heure de profondes racines dans les provinces du midi de la Gaule; et quand l'invasion les sépara de l'empire, il y survécut au naufrage de l'ancienne législation. Les principes du mariage primitif, du mariage qui produisait dans toute sa rigueur la puissance maritale, étaient peut-être liés à la constitution de la vieille famille gauloise; mais ils ne laissèrent guère de traces; ce fut au système qui s'était plus tard introduit à Rome, au système du mariage libre et du régime dotal, que le droit de cité fut en quelque sorte donné. La capacité de la femme mariée ne subit aucune atteinte; dans tous les actes de sa vie civile elle resta maîtresse d'elle-même; ses droits furent indépendants de ceux de son mari; et, d'autre part, les garanties méfiantes prises contre toute confusion des biens, contre toute association de fortune, tinrent les deux époux étrangers aux intérêts de leur patrimoine réciproque. Mais cette liberté de la femme ne ramena plus les désordres qui avaient ébranlé la constitution de la famille romaine; la religion chrétienne, enfin maîtresse des mœurs, gardait la porte du foyer domestique, et la permanence du mariage, consacrée par la loi civile, mit un obstacle insurmontable au retour de cette dissolution de la société conjugale qui avait signalé les plus tristes jours de l'empire.

La puissance maritale ne s'établit donc pas dans la législation des pays de droit écrit; et toutes les traditions du droit romain s'y perpétuèrent. Aussi la puissance paternelle resta-t-elle au contraire consacrée; le mariage n'émancipait pas les enfants de plein droit, nonobstant les statuts de beaucoup de villes où les principes germains avaient été reconnus. Sans doute le pouvoir du père sur la fille mariée ne s'étendit plus sur sa personne, comme autrefois à Rome; il ne put lui permettre de l'enlever à son mari; il lui laissa même le libre exercice de la plupart de ses droits, sauf, par exemple, celui de tester, qui n'appartenait pas à la fille non émancipée; il finit par se réduire, quant aux biens, au simple usufruit des dons faits à la femme par des parents et des étrangers; et il disparut peu à peu à la suite des progrès de l'émancipation, qui devint, surtout pour la fille, la conséquence ordinaire du mariage.

A l'égard du mari la femme ne fut tenue que des

obligations inséparables du mariage ; la condition de mineure ne lui fut jamais imposée. L'égalité des droits civils lui fut reconnue (1). Pour intenter ou soutenir un procès, pour contracter, pour s'obliger, pour administrer, pour disposer, pour donner, pour recevoir, elle eut sur tous les biens qu'elle avait gardés comme paraphernaux une pleine capacité ; le consentement du mari n'avait pas besoin d'être requis ni obtenu. Les dispositions restrictives du sénatus-consulte Velléien qui empêchaient la femme de s'obliger pour un étranger ou pour son mari, contraires à toutes les doctrines d'aide réciproque que la religion chrétienne faisait prévaloir surtout entre époux, étaient tombées en désuétude ; elles n'étaient plus qu'une lettre morte, quand elles furent abrogées par l'édit de 1606 confirmé par celui de 1664.

La puissance maritale ne resta pas cependant, dans les pays de droit écrit, désarmée toujours de tout privilége ; l'autorisation du mari, ou, à son défaut, celle de la justice, finit par être exigée, mais seulement par l'article 9 de l'ordonnance de 1731, pour toute donation faite à la femme, à moins qu'elle ne lui fût faite pour lui tenir lieu des biens paraphernaux. Les dispositions de l'ordonnance ont un caractère trop général pour n'être pas applicables aux pays de droit écrit, malgré la contestation de quelques auteurs ; le législateur craignait que la femme n'acceptât trop fa-

(1) Catellan, l. III, ch. LXVIII.

cilement des libéralités onéreuses ou contraires à l'honneur du mari.

Mais cette défiance à l'égard de la femme ne fut jamais consacrée par les dispositions générales du droit écrit; l'influence du droit coutumier n'y pénétra que très-tard, et toujours très-imparfaitement; seulement elle reconquit peu à peu les provinces de droit écrit qui étaient dans le ressort du parlement de Paris. Ainsi les provinces du Lyonnais, Forez, Beaujolais, Nivernais, avaient fini par reconnaître la nécessité du consentement et de l'autorisation du mari pour les obligations de la femme ou ses actes de disposition.

L'étendue des droits de la femme, dans des temps où la fortune mobilière n'avait pris aucun développement, se mesurait à l'importance de ses immeubles paraphernaux. Aussi la question de savoir si à défaut de constitution de dot, c'est-à-dire de contrat, tous les biens de la femme étaient dotaux ou paraphernaux, avait-elle une grande importance. Quelques coutumes, par exemple celles d'Auvergne et de la Marche, les déclaraient dotaux. La jurisprudence faisait prévaloir une opinion contraire. Quant aux auteurs, ils étaient partagés; mais la plupart se prononçaient en faveur de la paraphernalité, et appliquaient ainsi les principes du régime romain, en reconnaissant la séparation de biens comme le régime légal. Lorsque la paraphernalité se trouvait ainsi constituée, la femme jouissait et disposait de tous ses biens sans qu'aucun droit d'intervention appartînt au mari. Mais la femme laissait ordinairement au mari en dot la plus grande partie de sa fortune, et même souvent lui remettait par un mandat la gestion de celle qu'elle s'était réservée, en témoignage de sa libre confiance.

Toutefois, d'après la loi, les droits du mari étaient restreints à la jouissance des biens dotaux, et ils en comprenaient la disposition quand ils étaient meubles ou estimés. Autrement le consentement de la femme devait être requis, au moins tant que la loi Julia ne céda pas la place à la législation de Justinien, qui ne paraît pas avoir fait passer dans le droit écrit, avant le onzième siècle, le principe de l'inaliénabilité du fonds dotal.

L'inaliénabilité fut du reste toujours tempérée par plusieurs restrictions; et la gêne qui en résultait pour le commerce la fit abroger par une déclaration de Louis XIV de 1664, dans le Lyonnais, le Forez, le Beaujolais et le Nivernais, que le droit coutumier avait généralement repris sous son empire.

La conservation de la dot et sa restitution étaient garanties à la femme par le droit de reprise qui lui appartenait en cas de mauvaise administration du mari; par le droit de revendication qu'elle pouvait exercer après le mariage contre les tiers, en cas d'aliénation de la dot; enfin par les privilèges et les hypothèques sur les biens, soit du mari, soit même de celui sous la puissance duquel il se trouvait encore au moment du mariage. Ces sûretés protégeaient en outre les biens paraphernaux de la femme, à partir du jour où leur administration avait été confiée au mari. Mais le privilége ne portait que sur les meubles du mari existants au moment de sa mort ; et l'hypothèque de ses immeubles ne donnait jamais à la femme un droit de préférence sur les créanciers antérieurs au contrat de mariage ; cette faveur excessive, consacrée par la législation romaine (loi *Assiduis*), n'avait eu force de loi que dans le ressort du parlement de Toulouse.

Ainsi la fortune de la femme était soigneusement préservée ; elle était soustraite aux dissipations, aux mauvaises spéculations ; mais en même temps elle ne restait pas davantage à sa libre disposition. La dot ne pouvait être employée par la femme ni pour son propre avantage, ni pour celui de son mari ; elle cantonnait l'épouse dans son patrimoine. Le droit écrit cherchait à isoler pendant le mariage tous ses intérêts de ceux du mari : tel était, par exemple, le principe de cette interdiction des donations de la femme en faveur du mari, qui se retrouve dans une coutume particulière, celle d'Auvergne. Mais un tel système était loin de tourner dans ses conséquences ordinaires, à l'avantage de la femme : mise à l'abri des revers du mariage, elle ne profitait pas de ses prospérités ; elle était exclue de toutes les acquisitions faites pendant le mariage, non-seulement de celles qui étaient recueillies par le labeur commun, mais encore de celles qui résultaient de ses économies, de l'emploi même de ses revenus, et qui, jusqu'à preuve contraire, étaient présumées d'après la loi romaine appartenir au mari; elle ne touchait aucune part dans les bénéfices. Cette exclusion, contraire aux principes d'une société ordinaire, faisait à la femme, dans cette société conjugale où sa vie tout entière se fondait avec une autre vie, une position vraiment inférieure; elle lui déniait tout concours à l'enrichissement du ménage; elle annulait sa participation; elle décourageait son intervention active et souvent salutaire dans le maniement d'une fortune qui devait passer aux héritiers de son mari. Aussi ces principes n'avaient-ils pas partout prévalu : dans le Bordelais, la société d'acquêts avait pris naissance au sein du régime dotal lui-même; et la satisfaction légitime qu'elle donnait aux intérêts de la femme en favorisa les développements.

Toutefois les principes généraux du droit écrit empêchèrent le plus ordinairement que l'union des intérêts des deux époux ne suivît l'union de leurs personnes; ils s'opposèrent aux conséquences qui semblaient devoir résulter, dans le régime de leurs biens, de leur qualité de conjoints; et s'ils leur laissèrent la liberté de se faire des donations, ils n'en reconnurent pas l'irrévocabilité.

La loi n'accorda aux époux sur leur fortune mutuelle que des droits posthumes; tel fut le caractère des gains de survie résultant de l'augment stipulé en faveur de la femme, du contre-augment ou gain de la dot, stipulé réciproquement en faveur du mari. C'est d'après le même principe qu'une novelle de Valentinien restée en vigueur dans la Gaule, quoiqu'elle n'eût pas passé dans le code de Justinien, accordait aux époux la faculté de suivre les mouvements de la tendresse conjugale en s'instituant mutuellement pour héritiers. Enfin, c'est dans le même ordre d'idées que rentre le droit de succession donné à l'époux pauvre seulement, en concurrence avec les enfants et les autres parents sur les biens de l'autre époux prédécédé. Néanmoins ces droits qui étaient accordés seulement à la femme survivante, et qui ne lui assuraient que des avantages conditionnels et restreints, n'en mettaient pas moins obstacle à cette association de bonne et de mauvaise fortune qui semble être inséparable du mariage, et surtout du mariage chrétien. Le régime des biens, en ne faisant à la communauté aucune part, isolait la femme de son mari, et faisait prévaloir dans la société conjugale la maxime la plus contraire à sa constitution, la maxime de chacun pour soi.

Mais, en mettant à part les dispositions de gêne, de contrainte et de défiance qui peuvent être propres au régime dotal, si l'on considère les avantages de liberté qu'assuraient à la femme mariée la paraphernalité des biens qui n'étaient pas constitués en dot, et la pleine jouissance de ses droits civils, on ne peut s'empêcher de reconnaître que le mariage, dans les pays de droit écrit, la mettait à l'abri des rigueurs de l'assujettissement et des épreuves de la dépendance. Les lois et les mœurs témoignent du respect de sa personne ; la faculté qui lui était donnée de se refuser à suivre un mari toujours errant et vagabond, montre qu'elle n'était pas sacrifiée au bon plaisir d'un maître ; le droit régulièrement consacré en sa faveur de demander la séparation de corps la protégeait contre toute violence ; enfin l'usage fréquent des donations anténuptiales, des donations faites à la fiancée en recevant d'elle le premier baiser, mis en regard de la disposition du droit coutumier qui faisait gagner à l'épouse son douaire au coucher, montre quel était déjà dans les relations de l'homme et de la femme le progrès de la délicatesse des mœurs. La gaie science des troubadours, « toute à fleur d'âme (1), » l'établissement des cours d'amour, les merveilleux arrêts qui y étaient rendus, peuvent contribuer à prouver le développement d'une civilisation plus douce, qui se laissait déjà envahir par une corruption élégante, mais qui était singulièrement favorable à la fortune montante des destinées de la femme.

(1) M. Villemain.

SECTION II.

Droit coutumier.

En regard du droit écrit, le droit coutumier, surtout pendant l'époque féodale, fit prévaloir des dispositions qui eurent souvent pour l'épouse un caractère tyrannique, et qui remirent entre les mains du mari les droits d'une véritable puissance. Mais les intérêts de la femme ne se trouvèrent pas sacrifiés; et les avantages de l'association qui lui furent progressivement assurés pendant le mariage élargirent, par une nouvelle conquête, la place légitime qu'elle devait prendre dans la société conjugale.

La féodalité perpétua les traditions germaines; la dépendance de la femme mariée était inhérente à une société où la force tenait la place du droit, et où le plus fort ne recevait la loi de personne, sans être guère habitué à se faire la loi à lui-même. D'ailleurs les garanties qui mettaient la fortune de la femme à part de celle du mari étaient nécessairement étrangères à un état de choses où les lois d'héritage des fiefs lui restaient défavorables, et où la propriété mobilière n'entrait pas ordinairement en ligne de compte; tout système de biens dotaux ou de biens paraphernaux y était donc déplacé, parce que la femme n'était pas généralement propriétaire de terres, et que d'ailleurs les habitudes de souveraineté consacréées en faveur du mari se seraient pliées difficilement à des restrictions gênantes.

Mais de cette situation de fortune naquit peu à peu le système de communauté, qui eut ses premiers commencements dans les classes inférieures où l'homme et la femme, condamnés à un travail journalier, associèrent leurs gains ; qui se développa ensuite avec les progrès du commerce, et qui finit par devenir le droit commun de la législation coutumière. En même temps, les habitudes de vie domestique, l'esprit de famille que favorisait l'isolement de toutes les petites sociétés féodales ; la part d'autorité reconnue dans le droit public de la féodalité à la femme maîtresse d'un fief ; l'influence heureuse exercée par la chevalerie, qui, au moins dans le grand monde d'alors, faisait de la femme la maîtresse respectée et obéie des actions de l'homme ; l'intervention active de l'Église dans les lois du mariage, qu'elle imposait également aux rois, aux seigneurs et aux serfs : telles furent les causes qui hâtèrent le mouvement d'opinion favorable à la femme mariée. Ce fut la réformation des coutumes qui le fit peu à peu passer dans les lois, au moment où la puissance publique, représentée par la royauté, reprit tous les priviléges de la souveraineté.

Toutefois, dans le développement séculaire du droit coutumier, la subordination légale de l'épouse est le principe fondamental de la société conjugale.

La littérature du moyen âge fut loin d'être toujours bienveillante à l'égard de la femme ; elle ne lui épargna, dans tous les fabliaux, ni railleries indécentes ni injures grossières, et elle est souvent d'accord avec la rigueur des lois. Plus tard, à l'éveil des temps modernes, du quatorzième au seizième siècle, l'adoucissement et la transformation des vieux usages provoque chez les jurisconsultes attachés, par amour de l'érudition, aux idées anciennes, une opiniâtre résistance, et la doctrine de l'incapacité absolue du sexe est soutenue par d'Argentré dans une tirade où ce *Caton de Bretagne*, comme on l'a appelé, signale « dans ces créatures la pauvreté de bon sens, « l'infirmité de jugement, qui devraient toujours les « faire tenir en état de sujétion, ainsi qu'avaient « coutume de faire les anciens Romains et Gaulois. » Mais déjà les idées avaient pris irrévocablement le devant ; elles entraînaient à leur suite les lois ainsi que la jurisprudence ; et, comme on le sait, la théorie a toujours sa grande valeur, même quand la pratique fait encore défaut.

La distinction des classes, propres au régime féodal, ne paraît pas avoir exercé une influence importante sur la condition de la femme mariée. Elle fit peut-être prévaloir quelquefois des priviléges flétrissants nés de la grossière brutalité des mœurs ; mais, si elle marqua les lois du temps de son empreinte, ce fut par les droits qu'elle attribua au seigneur, soit pour marier la fille ou la veuve d'un vassal, qui pouvait ainsi être contrainte de recevoir un mari qu'elle n'avait pas choisi; soit pour s'opposer au mariage d'une fille serve avec un serf d'une autre seigneurie, parce qu'elle enlevait ainsi à son pouvoir les enfants qui devaient naître. Le privilége de casser cette union avait même été revendiqué; et l'Église fut obligée, dans le concile de Châlon-sur-Saône (813), de s'opposer à cet odieux abus de pouvoir. La transformation de tous ces droits féodaux, droit de tutelle noble, de formariage, en simples redevances, fut encore lente à s'accomplir; et en Angleterre ce fut seulement par la grande charte que les veuves cessèrent d'être forcées à se remarier.

Toutefois, quant aux rapports légaux du mari et de la femme, ils semblent avoir été toujours étrangers aux différences de condition sociale. Les droits du mari serf sur sa femme furent consacrés aussi bien que ceux du seigneur sur la sienne; malgré la diversité des régimes qui furent propres aux diverses classes, il y eut, à l'égard de la puissance maritale, unité de loi domestique.

Dans le droit coutumier, le mariage émancipe de la puissance du père; il fait passer la femme sous la puissance du mari. « Une femme mariée en pays coutumier ne peut être en garde d'autre que de son mari (1); autrement est du droit écrit (2). » Le mari

(1) Desmares, décision 290.
(2) Desmares, décision 351.

est *mainbour* de sa femme, disent quelques vieilles coutumes, et le mot de *mainbournie* paraît dériver de l'ancien mot saxon *mund*. Le terme change souvent : quelquefois le mari est appelé le sire de sa femme ; mais l'idée est la même. Partout se reconnaît cette suprématie qui laissait, il est vrai, à la femme beaucoup de garanties nouvelles, mais qui, à certains égards, pouvait rappeler à nos anciens auteurs, Loyseau, Delaurière, imbus des souvenirs de l'antiquité, le système de l'ancienne législation romaine.

La dépendance de la femme pesait sur sa personne et sur sa capacité.

Le droit de correction matérielle était presque un article de loi. « Il loist à l'homme, » dit Beaumanoir, « de battre sa femme sans mort et sans méhaing, « quand elle le meffet, si comme quand elle est en « voie de faire folie de son corps, ou quand elle dément son baron, ou maudist, ou quand elle ne veut « obéir à ses raisonnables commandements que « prude femme doit faire. En tels cas et en semblables, est bien mestiers que le mari soit castierres « de sa femme raisonnablement (1). » Dans l'ancienne coutume de Normandie, la femme a le droit d'être ouïe contre son mari, s'il la méhaigne, ou lui crève les yeux, ou lui brise le bras ; car ainsi il ne doit pas traiter sa femme. Mais de telles dispositions étaient loin d'exclure le droit de châtiment, consacré du reste

(1) Beaumanoir, chap. LVII, 6, t. II.

par cette singulière prescription faite aux femmes de laisser pousser leurs cheveux, afin que les maris eussent prise sur elles (1), et qui transformait ainsi l'ornement de leur beauté en instrument de leur servitude. La punition de la femme était même un devoir du mari; et de là résulte la responsabilité qu'il encourait pour tous les délits qu'elle pouvait commettre, « lorsqu'il ne prouvait pas, » dit d'Argentré, « qu'il se fût efforcé de réprimer ses inclinations mauvaises (2). »

Mais cette espèce de blanc-seing donné à la puissance du mari ne pouvait manquer de lui être retiré à mesure que l'État, se chargeant de rendre justice à tout le monde, ne laissait plus personne se faire justice à soi-même. Dans les dernières réformes des coutumes, les voies de fait du mari, comme ses outrages, armaient toujours la femme du droit de demander la séparation de corps devant les tribunaux ecclésiastiques (3), et ensuite la séparation de biens devant les tribunaux civils. La puissance du mari est encore, il est vrai, soigneusement proclamée, et l'atteinte portée à ses priviléges n'est pas soufferte. Pothier proclame que « la femme est obligée de suivre son mari, sans pouvoir être écoutée ni opposer « que l'air du lieu où il se transporte est contraire

(1) Chap. C, rapporté par Basnage sur l'article 537.

(2) D'Argentré, art. 423.

(3) Les questions de séparation de corps finirent, au XVIIIe siècle, par être attribuées aux parlements, comme liées à celles de séparation de biens.

« à sa santé, ni qu'il y règne des maladies conta-« gieuses. » Il ajoute qu'elle ne peut demander compte à son mari de son adultère, parce qu'il n'appartient pas à la femme, qui est une inférieure, d'avoir inspection sur la conduite de son époux, qui est son supérieur; elle doit donc, conclut-il, se contenter de présumer qu'il lui est fidèle. Cette résignation n'est pas imposée au mari; il peut faire punir l'infidélité de sa femme par un emprisonnement perpétuel. Néanmoins la femme ne cesse pas d'être protégée; le droit de plainte lui est reconnu, si le mari veut lui donner une rivale dans sa demeure; la société domestique échappe peu à peu au gouvernement du bon plaisir; les lois civiles ont repris et consacré les traditions des lois ecclésiastiques.

L'incapacité civile de la femme, commune à toutes les différentes coutumes, fut la conséquence naturelle de la subordination de sa personne, et acheva en quelque sorte la consécration de la puissance maritale, en faisant de l'épouse une mineure qu'on pouvait à la fois corriger et gouverner.

La nécessité de l'autorisation du mari est inhérente à la qualité de femme mariée dans le droit coutumier. Elle s'étendait donc aux biens qui pouvaient être situés en pays de droit écrit, où l'autorisation n'était pas requise. Autrement les contrats que la femme non autorisée aurait pu faire se seraient trouvés à la fois nuls et valables; efficaces pour les biens qui étaient en pays de droit écrit, inefficaces pour les biens de pays coutumier; la femme aurait été dans la dépendance de son mari comme propriétaire de tel bien, et se serait trouvée indépendante de son mari comme propriétaire de tel autre bien. L'incapacité est donc faite pour les personnes, et non pour les terres; elle règle l'état personnel de la femme toutes les fois qu'elle ne s'y est pas soustraite en choisissant le régime du droit écrit par préférence au régime du droit coutumier.

Cette incapacité commence avec le mariage; dans certaines coutumes seulement, comme dans celles d'Artois et de Bourbonnais, elle remonte à l'époque des fiançailles, lorsque les fiançailles ont été rendues publiques, tout en restant subordonnée pour ses effets à l'accomplissement du mariage.

L'autorisation du mari s'étend à toutes les actions en justice et à tous les contrats de la femme.

« Qui fait appeler femme mariée sans la permis-« sion de son mari, follement la fait appeler, » disent les *Assises de Jérusalem;* les *Établissements de saint Louis* (1) confirmaient les mêmes principes, et déclaraient « qu'en cour laïque nulle femme mariée n'avait réponse, puisqu'elle avait seigneur, si toutefois elle n'était marchande, car elle aurait bien la réponse des choses qu'elle aurait baillées, de ses marchan-

(1) I, chap. XIV.

dises, ou si ce n'était du fait de son corps; car, à qui l'aurait battue, ou dit folie, ou autre déloyauté, elle aurait réponse sans son seigneur. » Cependant, dans ce dernier cas, plusieurs coutumes ne reconnaissaient même pas le droit de la femme. La rigueur de la doctrine qui la proclamait incapable avait été poussée si loin, que le *Grand Coutumier* n'admettait pas une femme citée en justice criminelle à se défendre seule, et ne lui laissait pas, à défaut du concours de son mari, le droit sacré d'être entendue avant d'être condamnée.

La faculté d'accomplir les actes de la vie civile était de même retirée à la femme mariée. Le chapitre 36 des *Assises de Jérusalem* s'explique très-formellement à cet égard : « Et sachez que si femme mariée fait la gagière, engage sa propriété, ce doit être par l'octroi de son baron; et devez savoir que si femme qui est mariée faisait gagière, don, vente ou telle chose sans l'octroi de son baron, il ne vaut rien, et le baron le peut défaire. » Une telle prohibition comprenait également le droit de donner et celui de recevoir.

Cette incapacité s'étendait, dans certaines coutumes, jusqu'à la faculté de faire un testament. Dans les coutumes de Bourgogne, de Nivernais, de Bretagne et de Normandie, la femme non autorisée ne pouvait disposer de sa fortune par acte de dernière volonté, quoique le testament ne dût produire son effet qu'à une époque où le mariage était dissous, et où, par conséquent, la puissance maritale avait cessé. Cette puissance survivait ainsi au décès de la femme, par un excès de rigueur que les lois anglaises consacrent encore aujourd'hui. La femme restait seulement maîtresse de révoquer son testament, parce que les dispositions testamentaires sont par leur nature même essentiellement révocables.

La réformation des coutumes, qui fut une grande révolution dans les lois civiles, contribua puissamment à alléger le poids de la dépendance de la femme mariée ; elle ne la releva pas de son incapacité, mais elle commença à empêcher que cette incapacité ne tournât au détriment de ses intérêts.

Ainsi l'autorisation ne fut plus nécessaire à la femme pour se défendre contre les accusations de crime ou de délit, même pour les intenter, d'après certaines coutumes ; elle ne fut plus davantage exigée quand la femme demandait la séparation. Elle n'eut plus besoin d'être requise, au moins pour les actes d'administration, et d'après quelques coutumes, comme celle de Normandie, pour aucune espèce d'actes civils, en cas de séparation de biens ou de séparation de corps.

La dépendance de la femme restait encore toutefois consacrée souvent avec rigueur. Ainsi la libre faculté de tester lui est toujours refusée par certaines coutumes, à moins qu'elle ne se la soit réservée par contrat de mariage; et les commentateurs de la coutume de Normandie ne considèrent pas le testament comme un acte auquel la femme soit directement intéressée. L'autorisation doit toujours être obtenue par la femme, même lorsqu'il s'agit d'engager telle ou telle part de sa propre fortune pour sortir de prison; tandis qu'elle ne lui est pas nécessaire au cas où elle s'oblige pour libérer le mari. La femme ne peut ainsi, dans l'intérêt même de sa liberté, faire de ses biens l'usage qui lui convient. Enfin l'autorisation générale donnée par le mari n'est pas reconnue valable, ou au moins elle ne peut jamais s'étendre aux actes de disposition, sauf dans la coutume du Berri, à moins toutefois qu'il ne s'agisse pour la femme d'être rendue capable pour tous les actes relatifs à un négoce, qui lui donne alors la position exceptionnelle de commerçante.

Cependant l'autorisation de justice était le recours protecteur donné à la femme contre l'abus de la puissance à laquelle la loi la soumettait. Elle ne lui avait d'abord été accordée qu'en cas d'absence du mari; dans les coutumes réformées, elle prit une plus grande place, et devint en toute circonstance une garantie puissante contre le mauvais vouloir qui pouvait tourner en oppression. Le pouvoir du mari n'était plus qu'un pouvoir en premier ressort, et le droit d'appel appartenait à la femme. Ainsi s'était préparée pour elle une véritable transformation de son ancienne dépendance.

Le même progrès peut encore être signalé, quand on examine l'extension de la part des droits laissés à la femme sur ses biens.

Dans le droit coutumier, la propriété des biens immeubles de la femme, qui originairement au moins représentaient sa plus grande part de fortune, n'avait jamais été attribuée au mari; le mari ne pouvait valablement les aliéner, ni les engager, ni les revendiquer sans le consentement de sa femme; les héritiers de la femme, autant que la femme elle-même, étaient intéressés à cette restriction. A la mort du mari, ou bien en cas de séparation, les biens indûment aliénés pouvaient être revendiqués; et s'ils étaient dissipés, c'était sur les biens du mari que le recours pouvait s'exercer. La faculté de disposer des biens immeubles de la femme ne fut accordée au mari que dans quelques rares coutumes, comme celles de Douai, de Bapaume, et la nécessité du concours de la femme fut presque toujours reconnue. Le pouvoir du mari fut restreint à un droit de jouissance.

Mais le droit de propriété lui fut attribué sur tous les biens meubles, aux charges desquels il devait dès lors contribuer. La femme n'a pendant le mariage, d'après l'opinion impertinente de d'Argentré, d'autre droit sur ses meubles que celui des domestiques, qui n'usent des choses de la maison que par tolérance et avec le consentement du maître; et Beaumanoir s'exprimait ainsi en son rude langage : « Il con-

« vient que les femmes souffrent et obéissent de tout, « quant à leurs meubles ; quand elles y verraient « leur perte tout apertement, si convient-il qu'elles « souffrent la volonté de leurs seigneurs. » Le mari exerçait donc sur toute la fortune mobilière un pouvoir absolu ; il n'en devait aucun compte ; il pouvait en user et en abuser à son gré. Mais peu à peu, à mesure que se développa l'importance de la fortune mobilière, et que prévalut un système de garanties plus favorables à la femme, la sollicitude du législateur s'éveilla. Il ne laissa plus au moins au mari tous les droits sur la part qui revenait à la femme, dans certaines circonstances où l'abus de ce pouvoir semblait le plus choquant. Ainsi, dans les coutumes réformées, le mari cessa de pouvoir disposer de cette part par testament ; et, d'autre part, il ne la *confisqua* plus quand il encourait par condamnation la mort civile (1). Car dès l'instant où le testament, ou bien la condamnation, produisaient leurs effets, le pouvoir du mari avait cessé par suite de la dissolution du mariage ; il ne pouvait donc survivre au mariage lui-même, et les droits de la femme ne pouvaient être sacrifiés au moment où ils reprenaient leur empire. En outre, les dispositions de plusieurs coutumes, la jurisprudence des parlements, les clauses ordinaires des contrats, telles que celle de réa-

(1) Les bourgeois de Paris seuls jouissaient de ce privilége à l'égard du fisc, par une faveur qui leur avait été accordée en 1431.

lisation, commençaient à établir certaines classes de biens meubles, pour lesquels des garanties particulières de reprises étaient réservées à la femme. Enfin la séparation de biens, qui jusqu'alors n'avait résulté pour la femme que de la séparation de corps, put être demandée spécialement contre le mari, toutes les fois que son administration put sembler à la femme devenir dangereuse pour elle-même. La femme eut donc le droit de faire mettre obstacle aux prodigalités, aux abus de confiance, aux mauvaises spéculations dont elle pouvait être victime; elle cessa d'être désarmée, et le législateur n'eut plus la responsabilité de sa ruine.

Ainsi, d'un côté, en retirant à l'action souveraine du mari une part du patrimoine de la femme, destinée au moins à se retrouver dans les jours de détresse; d'un autre côté, en laissant la femme maîtresse d'arrêter par la séparation de biens la part qui était abandonnée à la discrétion du mari, le droit coutumier a protégé en une certaine mesure les intérêts de conservation des biens de l'épouse.

Mais ce furent d'autres avantages qu'il eut surtout en vue de lui assurer en compensation de la dépendance à laquelle il la soumettait. Tandis que la législation des pays de droit écrit lui permit seulement de garder son patrimoine au moyen de la paraphernalité, et de retirer sa dot garantie par l'inaliénabilité, la législation des pays de coutume a cherché à lui réserver par le douaire et par la communauté, outre sa part de fortune, une autre part dans la fortune du mari, afin qu'elle pût à bon droit la considérer comme sienne pendant le mariage. Tel fut le dernier progrès qui fit de l'union de l'homme et de la femme une véritable société conjugale.

Le douaire, emprunté aux traditions germaniques du prix nuptial et du don du matin, favorisé par les principes du droit canonique, assurait à la femme dotée ou non dotée, à partir de l'accomplissement du mariage, une certaine quotité en usufruit des biens immeubles du mari ; il lui donnait droit, en cas de survivance, de les reprendre, soit que le mari les eût conservés, soit qu'il les eût aliénés, à moins qu'elle n'en eût mérité la privation pour cause d'adultère ou bien pour cause de mauvaises mœurs pendant l'année du veuvage. Le douaire commença par trouver place dans les stipulations habituelles des parties, et n'eut longtemps qu'un caractère contractuel. D'après Beaumanoir, ce fut seulement à partir de Philippe-Auguste qu'il fut reconnu par la loi ; mais les recherches de la critique moderne le font remonter à une date plus ancienne. Le douaire légal ou coutumier fut constamment tantôt du tiers, tantôt de la moitié des biens du mari, quotité que le douaire conventionnel ne pouvait pas généralement dépasser ; il représenta la part de donations en biens propres qui pouvaient être faites à la femme par le mari pendant le mariage. Ainsi garanti à défaut de toute clause à la femme survivante, et constituant à son profit un important privilége, le douaire est le témoignage de la légitime faveur que le droit coutumier lui accordait ; il compensait la rigueur des lois qui l'excluaient de la succession des biens patrimoniaux de sa famille ; il contre-balançait les dangers du pouvoir d'administration ou de disposition donné au mari sur ses biens ; enfin, il empêchait qu'elle ne perdît par le même coup qui la rendait veuve, cet héritage qui avait contribué à son aisance pendant le mariage. La loi prenait soin d'assurer la condition de celle dont la vie s'était mêlée à celle du mari, et qui lui survivait comme une autre moitié de lui-même.

Cependant le douaire laissait la femme privée de tout droit de reprise sur ceux de ses biens qui étaient passés dans le patrimoine du mari, et en outre de tout droit de participation à la fortune mobilière, ainsi qu'aux acquisitions et aux bénéfices qui pouvaient augmenter la prospérité du ménage. Ce fut la communauté qui combla cette dernière lacune, en faisant prévaloir entre les deux époux pendant le mariage un régime d'association de fortune se combinant avec la réserve des biens qui restaient propres à chacun.

La communauté, préparée de loin par les lois germaniques dont quelques-unes reconnaissaient à la femme, mais seulement à la femme survivante, une part dans les acquêts, s'encadrait naturellement dans les habitudes d'association de toute sorte qui, dans l'ordre religieux, politique, commercial et civil, caractérisent le moyen âge; elle paraît avoir pris naissance dans la famille des serfs, qui, n'ayant d'autre fortune que les gains de leur travail, ne pouvaient faire profiter leurs femmes des avantages du douaire qui était constitué exclusivement sur les biens immeubles. Entre gens vivant de leur travail, confondant leurs fatigues, leurs labeurs, le partage des économies ou des salaires de chaque jour semblait faire partie de toutes les habitudes. La femme contribuait pour sa part au soutien du ménage; elle ne pouvait donc, à la dissolution du mariage, être privée d'un pécule que souvent elle avait gagné : elle aussi, elle avait été à la peine, il était juste qu'elle vint à la récompense. Dès lors la confusion irrévocable du travail ou de la richesse de la femme dans l'héritage du mari, l'exclusion de la femme du partage du patrimoine augmenté par son apport ou son industrie, semblaient contraires aux principes de justice bienveillante, et aux relations d'intime union de vie et de fortune que la loi devait établir et encourager dans la société conjugale. Dès lors se développa lentement un système qui tendait à reconnaître aux deux époux des droits égaux de propriété sur un patrimoine commun; il ne s'introduisit que plus tard dans les mariages des nobles qui n'admettaient que les gains de survie, comme le douaire; et aujourd'hui encore il est resté étranger aux usages des grandes familles d'Allemagne, ainsi qu'aux lois toujours aristocratiques de l'Angleterre. Mais, dans notre droit coutumier, il finit par prévaloir dans toutes les classes, et ne trouva de résistance que dans quelques coutumes, comme celle de Normandie.

Le droit d'association de la femme ne lui fut d'abord reconnu que comme un droit en quelque sorte posthume, qui naissait à l'époque de la dissolution du mariage. Au moins tel fut l'ancien esprit de quelques coutumes; et la coutume de Reims (1) déclarait en termes exprès qu'homme et femme conjoints par mariage ne sont pas uns ni communs; mais que la femme peut seulement partager après le décès de son mari, ou bien passer ce droit à ses héritiers, si elle prédécède. Cependant l'époque de la naissance de la communauté était déjà recherchée par les jurisconsultes; et les coutumes la fixaient tantôt après la durée d'un an et jour de vie commune; tantôt elles la faisaient dépendre de la consommation du mariage; tantôt enfin elles la faisaient remonter à la célébration même de l'union conjugale. Quand les droits de la femme comme associée eurent ainsi leur existence légale pendant la durée du mariage, ils commencèrent à être mis en regard de ceux du mari. Le mari

(1) Art. 239.

continua à garder dans son gouvernement de la fortune commune des droits de maître à peu près souverain. Mais le système des récompenses donna à la femme sur la part du mari un droit de reprise dans tous les cas où il aurait diminué à son profit la part qu'il était tenu de rendre; et, de plus, la faculté de demander contre lui la séparation de biens fut la consécration définitive du droit d'associée reconnu à l'épouse. Ce droit, en quelque sorte sommeillant pendant le mariage, pouvait se réveiller exceptionnellement au jour du danger; et il s'exerçait régulièrement au moment de la dissolution de la société conjugale.

La communauté qui pouvait faire profiter la femme, par un partage égal, de toutes les faveurs d'une fortune prospère à laquelle le mari prenait généralement une part plus grande, l'exposait au péril d'être compromise en sa qualité d'associée dans les mauvaises affaires dont le mari seul, investi de pleins pouvoirs, pouvait être responsable. Ses biens propres pouvaient répondre de toutes les dettes contractées pendant le mariage. Mais le privilége de renonciation qui commença par être donné aux veuves de gentilshommes obérés par les guerres de la terre sainte, et qui, d'abord particulier aux nobles, fut ensuite dans les coutumes réformées étendu à toutes les classes, empêcha que la communauté ne pût devenir entièrement préjudiciable et tout à fait fatale à la femme. Il mit à l'abri des créanciers de la communauté son patrimoine immobilier, qui ne pouvait pas être aliéné sans son consentement; et le patrimoine immobilier dans l'ancienne France, avant la mobilisation des rentes et l'essor tout puissant et tout récent de l'industrie, entrait ordinairement pour une large part dans toute fortune un peu considérable. La femme ne fut dès lors exposée qu'à la chance de perdre sa fortune mobilière, qui partageait seule les vicissitudes de la communauté; et de cette sorte se trouva complété dans le droit coutumier ce système de protection et de faveur qui fut le contre-poids de plus en plus résistant de la puissance maritale.

Une telle part faite aux intérêts et aux droits de la femme, mise en regard de la rigueur ou de l'indifférence des anciennes législations, devait puissamment contribuer à réformer et à adoucir les relations d'autorité et de dépendance des deux époux. La femme, isolée du mari dans le droit écrit, lui restait subordonnée dans le droit coutumier; mais elle prenait en même temps dans la société conjugale le rang d'associée et même d'associée privilégiée.

D'ailleurs les mœurs privées et publiques encourageaient la sollicitude des lois en sa faveur; elles proscrivaient toute grossière et brutale domination d'un sexe sur l'autre. Dans la brillante société du dix-septième siècle, les habitudes de respect de la femme préparées et entretenues par l'influence de la religion, la vie de la cour, l'essor de la littérature, créaient à son profit une véritable royauté. Saint-Simon nous raconte que Louis XIV « ne passait jamais devant la moindre coiffe sans soulever son chapeau, même aux femmes de chambre (1). » Les exemples de Versailles descendaient peu à peu dans toutes les classes de la nation; et les Françaises de ces temps, plus favorisées que leurs devancières, semblaient toutes recueillir, jusque dans les plus obscures familles, comme les rayons de cette auréole que jetait sur tout leur sexe ce groupe incomparable de femmes d'élite qui se partageaient la gloire du monde, la sainteté du cloître, la grandeur du caractère, l'éclat de l'esprit, et qui semblaient nées pour l'ornement de leur temps et le charme de la postérité.

SECTION III.

Droit intermédiaire.

Mais la dignité de la femme fut singulièrement compromise par les mœurs corrompues et les doctrines relâchées du XVIIIe siècle, « qui dans ses salons, » dit un illustre écrivain (2), « avait mis à la mode ces « poupées charmantes, musquées et poudrées, » pro-

(1) Saint-Simon, t. XXIV, p. 144.
(2) M. Cousin, *Vie de Mme de Longueville*.

pres à amuser les licencieux loisirs d'une société en décadence. Les écrits des plus grands publicistes mesuraient l'ascendant de la femme à ses agréments; et en ne lui donnant d'autre vocation que celle de plaire à l'homme, qui semblait la destiner à la vie du sérail, ils lui enlevaient cette garantie de respect qui pouvait seule achever le progrès des lois.

De plus, au moment où la révolution, troublant par un terrible coup de foudre les faciles plaisirs qui ruinaient dans toute la France le bon ordre de la société conjugale, commença à substituer à l'ancien droit le droit qu'on a appelé droit intermédiaire, le mariage, qui n'était jusqu'alors consacré par la loi que comme sacrement de l'Église, attirait cette haineuse défaveur que le XVIIIe siècle avait nourrie contre toutes les institutions religieuses : l'assimilation des enfants naturels aux enfants légitimes semblait mettre sur le même rang l'épouse et la concubine.

Aussi, quoique les deux systèmes différents du droit écrit et du droit intermédiaire aient été conservés dans leurs dispositions générales, et spécialement dans celles qui étaient relatives à la capacité ou à l'incapacité de la femme mariée, les avantages particuliers qu'ils avaient accordés à l'épouse, l'augment et le douaire, furent facilement sacrifiés. L'augment et le douaire étaient d'ailleurs contraires aux nouvelles lois de succession, par lesquelles le législateur s'attribuait la distribution de chaque patrimoine, et sacrifiait presque entièrement à l'égalité des partages la liberté des donations comme celle des testaments (1). En outre la dot, respectée, il est vrai, dans sa constitution, fut dépouillée de tous ses anciens priviléges. La femme garda une garantie hypothécaire sur les biens de son mari ; mais elle fut soumise à la condition des autres créanciers, et ne put désormais faire valoir ses droits qu'à son rang, comme si elle n'eût été qu'une étrangère.

Enfin le mariage, en devenant un contrat civil suivant les principes de sécularisation nécessaires à la constitution d'une nouvelle société, fut affranchi de toute contrainte de la loi religieuse, sans que la loi civile lui donnât vraiment le caractère d'une institution publique. L'engagement des époux de s'appartenir l'un à l'autre à l'effet de fonder une famille, resta abandonné à leur libre convenance, et leur volonté put défaire sans gêne l'union que leur volonté seule avait faite. Ce ne fut pas seulement leur consentement mutuel, ce fut l'incompatibilité d'humeur invoquée par le mari ou par la femme, qui put suffire pour rompre les liens du mariage ; la séparation de corps fut abolie, parce qu'elle avait été l'œuvre de la religion chré-

(1) La liberté des donations, au moins des donations en toute propriété, fut même entièrement refusée aux époux entre eux quand ils avaient des enfants ; ce fut seulement en l'absence d'enfants qu'elle put compenser imparfaitement pour la femme l'avantage légal du douaire ou de l'augment.

tienne, et les lois conspirèrent avec les mauvaises mœurs pour ébranler par le divorce fatalement encouragé les fondements mêmes de la société conjugale ; elles finissaient par établir un mariage à terme. Mais elles trouvèrent un point d'arrêt dans cette résistance de l'opinion, qui mettait à l'abri des habitudes de dix-huit siècles l'indissolubilité du mariage, et qui épargna à la France les honteux désordres d'où était sortie la décadence de Rome.

Dans ce bouleversement de la famille, la femme n'avait pas, il est vrai, été sacrifiée au mari; les mêmes droits lui appartinrent pour user du divorce. Mais cette égalité des deux sexes dans la licence ne pouvait être que menteuse; le divorce devait rester toujours bien plus favorable à l'homme, parce que les lois mêmes de la nature garantissent et prolongent pour lui la facilité de nouvelles unions; et la condition de la femme ne gagnait pas assurément à un état de choses toujours fécond en maux de toute sorte, et où, pouvant tout oser, elle pouvait aussi tout supporter.

Le Code Napoléon, qui, au sortir de la tourmente révolutionnaire, raffermissait les lois ébranlées de la société domestique, chercha à empêcher que les désordres du divorce ne missent un libertinage pour ainsi dire régulier à la place du mariage même. Le divorce pour incompatibilité d'humeur laissait chaque époux à la merci de toutes les fantaisies et de tous les caprices de l'autre époux ; il faisait de l'union conjugale une union à l'essai, dans laquelle les devoirs devaient finir avec les plaisirs ; il fut après un long débat écarté par le conseil d'État, et cessa de trouver place dans la loi civile, en même temps que la loi pénale protégeait l'unité du mariage par la rigueur de la peine applicable à la bigamie (1). Mais la morale publique à peine renaissante ne pouvait exiger que des demi-mesures; aussi l'institution même du divorce fut-elle conservée : le législateur aurait craint de donner une sanction civile aux doctrines religieuses en l'abolissant. Le divorce par consentement mutuel resta autorisé; mais il fut soumis à des conditions et à des formalités rigoureuses, qui devaient en prévenir au moins les plus choquants abus. Le divorce put ensuite être réclamé par l'un ou l'autre époux, pour cause déterminée : dans le cas d'adultère de la femme, d'adultère du mari entretenant une concubine dans la maison commune ; dans le cas de sévices ou injures graves reprochables à l'un d'eux, ou de condamnation à une peine infamante ; mais il était alors accordé à l'époux innocent contre l'époux coupable, et cessait d'être mis au service de la passion et de l'inconstance. En outre la séparation de corps fut rétablie dans tous les cas où le divorce pouvait être demandé, afin que l'un ou l'autre époux ne fût pas obligé de faire rompre son

(1) Art. 340 C. P.

mariage, contrairement aux défenses de sa religion, dans le cas où la vie commune lui avait été rendue insupportable. La séparation de corps et le divorce restèrent au choix des deux parties.

Mais la loi réparatrice de 1816 rétablit l'indissolubilité du mariage; elle garantit par la suppression du divorce la stabilité permanente de la famille, qui intéresse la dignité et la protection de la femme, qui profite en même temps à l'honneur du mari, à l'avenir des enfants, et qui se lie intimement au bon ordre de la société. Enfin, l'abolition de la mort civile, en cessant de rompre le mariage par la condamnation d'un des époux à une peine perpétuelle, a achevé d'en mettre la permanence à l'abri de toute atteinte (1).

C'est dans le Code civil ainsi réformé que nous allons maintenant prendre connaissance des dispositions générales qui règlent la condition de la femme mariée, et étudier en particulier celles qui concernent son incapacité; c'est dans le Code civil que nous allons rechercher les garanties principales qui lui sont aujourd'hui assurées. Ainsi s'achève la longue marche que nous avons suivie pas à pas dans tout l'âge moderne, à travers les législations qui ont précédé et préparé la nôtre.

(1) Loi du 31 mai 1854.

TROISIÈME PARTIE.

CODE CIVIL.

CHAPITRE PREMIER.

De la condition de la femme mariée par rapport à sa personne.

Le Code civil, qui, dans le droit privé, faisait prévaloir le système général du nouveau droit public de la France, la séparation de l'Église et de l'État, et qui donnait au pays un corps de lois désormais applicables à tout le territoire, devait nécessairement régler la constitution même du mariage. Il laisse la religion donner au mariage la consécration d'un sacrement; mais il le met en même temps sous la garde de l'État comme une institution publique. Aussi n'abandonne-t-il ni à l'autorité souveraine des préceptes ecclésiastiques, ni à la liberté pleine et entière des conventions privées, les relations sur lesquelles doivent reposer les fondements de la société conjugale. Il fixe à la fois les devoirs et les droits des époux, et la condition faite à la personne de la femme mariée se résume dans les articles d'une même loi.

Le pouvoir de commandement donné au mari, le pouvoir de résistance donné à la femme, tel est, dans une certaine mesure, le système auquel le législateur s'est arrêté.

L'autorité du mari, nécessaire au gouvernement de la famille, peut sembler transformée en une véritable puissance par le devoir d'obéissance auquel le Code assujettit la femme (1); mais elle est ramenée à son véritable caractère par le devoir de protection qui est imposé au mari, et elle est contenue par la garantie de la séparation de corps, qui peut être obtenue contre lui-même, aussi bien qu'elle peut lui être réciproquement accordée.

Toutefois la sujétion de la femme mariée, qui pouvait sembler nécessaire à la réparation du désordre des mœurs du XVIIIe siècle, répondait, en outre, aux idées d'autorité et aux doctrines de discipline qui, au moment de la préparation du Code, étaient en quelque sorte sanctionnées par la constitution de l'État. Le premier consul, dont la pensée et la parole inspiraient toutes les discussions du conseil d'État, et qui devait donner son nom au Code comme à son œuvre personnelle, semblait vouloir faire de l'époux un souverain à son image, quand

(1) Art. 213.

il disait « qu'un mari doit pouvoir exercer un em-« pire absolu sur les actions de sa femme, et avoir « le droit de lui dire (1) : Madame, vous m'appar-« tiendrez corps et âme. » Mais cette rigueur, contredite par les mœurs, ne s'est pas fait dans la loi une trop large place; et l'obéissance prescrite à l'époux par le texte de l'art. 213 du Code ne fait pas peser sur elle le joug de l'asservissement.

La conséquence directe de cette condition est pour la femme l'obligation « d'habiter avec son mari et de « le suivre partout où il juge à propos de résider. » En France comme hors de France, d'après l'interprétation formellement admise par le conseil d'État, la femme ne doit avoir d'autre domicile que celui de son mari. L'habitation commune est en effet la condition indispensable de la société intime que le mariage a pour but d'établir; et il est naturel que le choix de la résidence soit laissé à celui qui est ordinairement le plus intéressé à la fixer.

Toutefois le mari, indépendamment des cas de séparation de corps, perd légalement le droit d'exiger que sa femme l'accompagne :

1° S'il ne lui offre pas une résidence convenable à sa dignité et à sa fortune, et manque ainsi à l'obligation qui lui est imposée de pourvoir aux besoins de sa femme selon ses facultés et son état (2);

(1) Thibaudeau, *Mémoires sur le consulat*.
(2) Art. 214.

2° S'il impose à sa femme, de son plein gré, une vie toujours vagabonde, puisqu'elle est tenue à résider, et non pas à errer avec lui;

3° S'il voulait émigrer malgré la prescription contraire d'une loi spéciale, la désobéissance à la loi ne pouvant jamais être enjointe par le législateur.

Enfin il n'y a guère de doute que la femme ne pût être dispensée par les tribunaux d'accompagner son mari, s'il était prouvé qu'elle ne peut le suivre sans dangers ou même sans souffrances : l'obéissance de la femme doit toujours cesser d'être requise quand la protection du mari fait défaut (1). D'ailleurs la séparation de corps ne pourrait, dans une telle circonstance, lui être refusée, si elle croyait devoir la demander. Dans une société comme la nôtre, où le pouvoir public est toujours tenu en éveil pour faire droit à toutes les plaintes, la maison conjugale ne peut être le lieu de refuge d'aucune oppression.

Mais quand la femme, en dehors de ces cas exceptionnels, se refuse à venir habiter avec son mari, la loi ne s'est pas expliquée sur les moyens de contrainte qui peuvent être employés par le mari pour la forcer à rentrer dans le domicile commun.

Sans doute le mari délaissé pourrait faire valoir cet abandon comme injure grave, et faire prononcer à son profit la séparation de corps, qui dans ce cas ne serait,

(1) Recueil de Dalloz, 36, 3, 15.

il est vrai, pour lui qu'une satisfaction le plus souvent illusoire; il pourrait faire requérir contre sa femme une condamnation d'adultère, si elle l'avait quitté pour donner libre cours à ses mauvaises mœurs; il pourrait faire intenter une poursuite pour séquestration contre toute personne qui aurait usé de fraude, de violence, ou abusé de l'autorité paternelle ou maternelle pour la tenir éloignée de sa résidence. En outre, suivant l'opinion qui s'est produite dans la discussion du Code, il aurait droit, quand elle se refuse à rentrer dans la maison commune, de lui refuser des aliments, qu'autrement il est tenu de lui fournir d'après la loi; parce qu'il ne peut être obligé de pourvoir à ses besoins que dans la maison commune. Enfin, la saisie des revenus de la femme se rattache peut-être au même principe du refus d'aliments, et elle semblerait pouvoir être autorisée par la justice. En effet, le refus d'aliments n'a lieu que dans le cas où la fortune est tout entière à la disposition du mari; si la fortune est tout entière à la disposition de la femme, elle ne doit pas lui donner le privilége de braver ses devoirs parce qu'elle est riche, et de quitter ainsi en toute sécurité la demeure de son mari. Cette saisie n'aboutit pas, du reste, à la privation inique et illégale de la fortune de la femme; elle ne doit pas attribuer les revenus au mari; elle les remet seulement sous sa garde provisoire, et ne le dispense pas d'en rendre compte. La légalité peut seulement en être contestée, parce qu'elle n'est directement sanctionnée par aucun texte; et, à défaut d'une disposition expresse, il peut encore y avoir quelques scrupules à appliquer cette mesure.

Mais les deux autres systèmes, qu'on a voulu souvent faire prévaloir, paraissent être susceptibles d'objections qui sont encore plus sûrement fondées.

Ainsi, la condamnation de la femme à des dommages et intérêts payables par chaque jour de retard qu'elle met à son retour à la maison commune, est contraire aux principes qui règlent dans notre loi l'attribution de dommages et intérêts à toute personne lésée. Les dommages-intérêts ne sont pas admis dans notre droit comme moyen coercitif, comme moyen de forcer quelqu'un à exécuter son obligation; ensuite ils ne semblent pas pouvoir servir de réparation à un préjudice qui est bien plutôt moral que matériel; les dommages-intérêts ne sont dus, d'après le Code, que pour la perte que fait un des contractants, ou pour le gain dont il a été privé; ils ne sont dus que pour ce qu'on a pu prévoir à l'époque du contrat. De pareilles dispositions ne peuvent pas concerner le refus d'un des époux de vivre avec l'autre époux; le mari n'est pas un créancier qu'on puisse indemniser de l'absence de sa femme par un équivalent en argent; et la compensation de sa fuite en écus blesserait toutes les convenances. Enfin, la condamnation aux dommages-intérêts pourrait avoir pour conséquence la ruine de la femme; elle enrichirait le mari de ses dépouilles, et consacrerait, jusque dans la société domestique, l'odieux rétablissement de la confiscation, que la charte de 1814 a fait sortir de notre législation.

L'emploi de la force publique est généralement accueilli avec plus de faveur par les auteurs et par la jurisprudence. Assurément une mesure aussi violente ne saurait être laissée au libre pouvoir du mari; il est reconnu sans difficulté qu'elle doit être subordonnée à l'autorisation de la justice. Mais il est permis de croire qu'elle ne peut être légalement ordonnée par les tribunaux eux-mêmes. Elle serait une atteinte arbitraire à la liberté individuelle; elle pourrait avoir pour conséquence la contrainte par corps : or la contrainte par corps ne peut être prononcée hors les cas déterminés par la loi (1), et ne peut être appliquée à la femme que pour cause de stellionat (2). Non-seulement l'arrestation de la femme ne résulte pas du texte et de l'esprit de la loi, mais encore elle y est contraire.

La distinction qu'on prétend souvent établir entre la contrainte par corps suivie de l'emprisonnement, et l'arrestation de la femme suivie de sa réintégration dans la maison commune, ne paraît pas rigoureusement fondée. D'abord le caractère de la con-

(1) Art. 126 Code de procédure.
(2) Art. 2066 Code civil.

trainte par corps se détermine principalement par le mode de son exécution; et dans les deux cas le mode d'exécution consiste également dans la main mise sur la personne. Ensuite il se rencontre des circonstances où cette appréhension au corps constitue nécessairement l'incarcération. Si la femme ne peut être ramenée directement à son mari, soit parce qu'elle a été arrêtée dans un lieu fort éloigné du domicile conjugal, soit par tout autre motif, où la déposera-t-on? Dans une maison privée? Mais l'art. 788 du Code de procédure, l'art. 615 du Code d'instruction criminelle, l'interdisent formellement à tout agent de la force publique, sous peine d'être poursuivi comme coupable de détention arbitraire. La consignera-t-on alors dans une maison de détention? Mais elle ne peut y rester, d'après l'art. 609 du Code d'instruction criminelle, qu'en vertu d'un mandat de dépôt, ou d'un mandat d'arrêt, ou d'un jugement de condamnation décerné selon les formes prescrites par la loi; et comment la femme qui a quitté le domicile conjugal peut-elle être assimilée à une prévenue ou à une condamnée?

La contrainte par corps applicable à la femme ne se distingue de la contrainte par corps applicable à tout autre débiteur que par une exécution provisoire et toute momentanée; mais elle est précisément ainsi rendue inefficace et illusoire. Elle peut assurer le retour de la femme; mais elle ne peut procurer au mari la continuité de son séjour dans la maison conjugale; la femme qui y est réintégrée conserve la liberté d'en sortir de nouveau; le mari n'a pas le droit de l'enfermer ni de la garder à vue. L'intervention de la force est donc impuissante à rétablir d'une façon sûre et permanente l'habitation commune; elle peut n'aboutir qu'à troubler la paix publique et à produire le scandale d'une lutte domestique.

La cour de cassation, dans un arrêt du 9 août 1826, a déclaré que l'emploi de la force publique ne fait « qu'accompagner la personne pour la mettre en état de remplir ses devoirs, et même de jouir de ses droits en pleine liberté. » Cette transformation des huissiers et des gendarmes en chevaliers d'honneur dépasse les bornes de toute fiction juridique. De tels arguments ne peuvent pas enlever à l'arrestation de la femme le caractère de contrainte rigoureuse qui, en l'absence de toute loi civile ou pénale, doit empêcher le juge de la prononcer.

Il est vrai que, par compensation, les tribunaux ont quelquefois reconnu à la femme le droit de contraindre son mari à l'exécution du devoir qui lui est imposé de la recevoir, et l'ont autorisée à se faire ouvrir par la force son domicile. Mais cette violence n'est pas davantage permise par la loi; de plus, elle laisse le mari toujours maître d'expulser sa femme, ou de se retrancher dans une partie de son appartement, ou de s'absenter aussi longtemps qu'il lui plaît. Cette mesure ne peut donc également être qu'impuissante, et dès lors elle devient inutile. L'allocation d'une pension alimentaire proportionnée à tous ses besoins, et le droit de demander la séparation de corps, sont la seule satisfaction légitime qui puisse alors être donnée à l'épouse.

Il ne faut pas croire que les devoirs de la vie commune qui doit résulter du mariage aient toujours besoin d'une sanction judiciaire; ou bien on serait conduit, sur la pente facilement glissante de cette doctrine, à reconnaître que la fidélité et l'assistance dont les époux sont aussi tenus juridiquement l'un à l'égard de l'autre, peuvent leur être réciproquement imposées par autorité de justice. La sanction directe de la loi ne peut intervenir sans scandale dans les relations les plus intimes de la vie domestique; la loi doit réprimer le mal, elle ne peut contraindre au bien. La dignité du mariage paraîtrait compromise si la femme pouvait être ramenée à son mari comme une captive qui a rompu son ban, ou bien lui être imposée comme un garnisaire : le remède serait le plus souvent pire que le mal.

La fidélité est le seul devoir imposé à la femme par le mariage, qui soit mis sous la garantie de la loi pénale. C'est que l'adultère de la femme n'est pas seulement la violation de la foi jurée; il ne porte pas seulement le trouble dans les relations les plus douces et les plus sacrées; mais il peut encore faire entrer dans la famille les enfants nés de la séduction, ravir aux enfants nés du mariage leur part d'héritage, imposer toutes les charges de la paternité à celui qui ne devrait pas les supporter, et, par l'effet de la présomption légale de paternité attribuée au mari, le forcer à douter s'il doit aimer ou haïr ceux qui portent son nom et qui l'appellent leur père.

L'intervention répressive du législateur est donc légitime : il a pris sous sa protection le bon ordre du mariage; il ne peut rester indifférent au trouble de toutes les relations conjugales. Aussi la punition qu'il inflige à la femme ne doit-elle pas être destinée à satisfaire la vengeance du mari; elle a le caractère d'une réparation donnée à la société elle-même. L'adultère de la femme ne peut, il est vrai, être dénoncé que par le mari, auquel il ne convient pas, dans l'intérêt de la famille, que la justice se substitue; mais il est poursuivi par le ministère public; il se transforme de crime privé en délit public, prescriptible par un délai de trois ans suivant le droit commun; et la reclusion perpétuelle dans un couvent, qui était la peine de l'ancienne législation, est remplacée, dans le Code pénal, par un emprisonnement de trois mois à deux ans. Cette condamnation peut être exceptionnellement prononcée par un tribunal civil, quand la demande en séparation de corps est jointe par le mari à la poursuite, et par un touchant privilége le droit de grâce est laissé au mari, qui peut arrêter l'effet du jugement en consentant à reprendre la femme coupable.

Du moment que ce n'était plus par intérêt pour la puissance maritale, mais par respect pour la loi du mariage, que le législateur punissait l'adultère de la femme, il ne devait pas non plus rester désarmé contre l'adultère du mari, et il a donné à la femme le droit de le dénoncer à la justice pénale dans le cas où il se manifeste par l'entretien d'une maîtresse dans la maison commune. Mais cette violation du domicile conjugal n'est punie que par une condamnation pécuniaire; l'amende de trois cents francs à deux mille francs, prononcée contre le mari coupable d'un aussi grave attentat à l'honneur de l'épouse et à la sainteté des mœurs domestiques, se trouve assurément disproportionnée avec un tel délit, et n'est qu'une satisfaction bien timide donnée aux besoins de la répression. A cette peine s'ajoute seulement la privation et comme la déchéance du droit de dénoncer l'infidélité de sa femme, et cette disposition aboutit ainsi à permettre que l'adultère d'un des époux serve de laissez-passer à l'adultère de l'autre. Mais il est permis de croire que le progrès des mœurs rendra le législateur de moins en moins indulgent pour la violation des engagements du mari, et qu'il lui fera demander à la fois par la justice et par l'opinion un compte plus rigoureux et plus complet du devoir de fidélité réciproque juré par les deux époux, inscrit dans la loi civile, et qui peut appeler l'égale sanction de la loi pénale (1).

La protection de la personne de la femme mariée est particulièrement assurée par le droit de demander la séparation de corps.

La séparation de corps, que le mari peut de son côté faire prononcer contre sa femme, peut réciproquement être obtenue par la femme ; elle s'offre ainsi comme une dernière ressource donnée par la loi, lorsque le fardeau de la vie commune semble devenir trop pesant.

Tel est d'abord le cas où l'un des deux époux serait condamné à une peine infamante. Les peines infamantes qui peuvent donner lieu à une séparation de corps sont : les travaux forcés à temps, la détention, la reclusion, le bannissement, la dégradation civique, et, depuis la suppression de la mort civile, les travaux forcés à perpétuité, qui auparavant entraînaient la dissolution du mariage. Il ne faut pas que le condamné, après avoir subi sa peine, ou bien après avoir été gracié, puisse imposer la vie commune à l'époux innocent, en l'associant intimement à son déshonneur et à sa flétrissure.

Les excès, sévices ou injures graves qui font en-

(1) La même inégalité est consacrée au profit du mari par une faveur sanglante, dans l'article du Code pénal qui réserve le privilége d'excuse au meurtre qu'il commet sur sa femme surprise en adultère.

trer la tyrannie dans la société conjugale, sont une seconde cause de séparation. Cette cause, qui rentre dans le large pouvoir d'appréciation laissé aux tribunaux, paraît devoir le plus souvent tourner au profit de la femme, puisque la femme, qui dans la société conjugale est la partie la plus faible, est bien plus exposée à être la victime des actes de violence, des mauvais traitements, des outrages de toute espèce de la partie la plus forte; d'ailleurs les maris opprimés ou insultés n'aimeraient guère appeler la justice à leur aide, en reconnaissant par là qu'ils sont incapables de se protéger eux-mêmes. Ainsi le mari peut devenir responsable de tout abus de pouvoir; et la personne de sa femme, qui lui a été longtemps abandonnée, n'est plus soumise à son bon plaisir; il ne peut cesser impunément de la respecter.

La femme jouit d'un droit moins étendu quand il s'agit de demander la séparation de corps, à raison de l'adultère de son mari. En effet, tandis que le mari, soit qu'il fasse intenter l'action pénale, soit qu'il y renonce, a le droit de faire prononcer un jugement de séparation contre sa femme coupable, pour l'éloigner du domicile conjugal qu'elle a déshonoré, la femme n'a pas le droit de se soustraire aux obligations de la vie commune, lors même que l'infidélité de son mari est rendue publique. L'adultère du mari, malgré le scandale qui peut l'accompagner, n'a pour conséquence la séparation de corps que s'il se commet dans sa propre maison avec une femme qu'il y entretient; il faut que le mari ait eu l'audace de faire partager sa demeure à la méprisable complice de ses propres débauches, pour que l'épouse soit admise à se plaindre. Sans doute, les devoirs doivent survivre aux attachements : il faut qu'ils aient plus de durée et de résistance. Cependant, quand la femme sait que son mari l'abandonne pour courir à de vulgaires plaisirs, il semble injuste que la loi la force à attendre avec résignation à son foyer la faveur ou plutôt l'outrage de son retour; quand le mari se fait un jeu de sa douleur, il importe qu'elle puisse s'éloigner, afin de ne pas rester assujettie à une obéissance de tous les jours, qui peut être pour elle la plus humiliante des servitudes, ou la plus insupportable des tortures, et qui n'est pas assurément un gage de la paix domestique. Enfin, s'il est vrai que l'adultère du mari entraîne souvent à sa suite les folles dissipations, les spéculations hasardeuses, faut-il que la femme lui laisse compromettre la sécurité de sa fortune et les intérêts de ses enfants? Toutefois elle a la ressource de pouvoir fonder sur la cause d'injure grave sa demande en séparation. Mais cette garantie est alors abandonnée à l'interprétation arbitraire et incertaine des tribunaux, et ne lui assure pas le droit d'égale réparation que plusieurs législations étrangères lui ont déjà reconnu, et qui doit finir par trouver place dans notre Code. L'adultère du mari peut être différent de celui de la femme par ses conséquences moins fatales à la perturbation des relations domestiques; mais il peut produire les mêmes effets par rapport au relâchement des liens d'affection, d'estime et de confiance; il peut, par un égal parjure, désunir les cœurs: il ne doit donc pas laisser l'épouse innocente forcément unie dans la vie de tous les jours à l'époux coupable; il ne doit pas rester sous la protection peut-être injuste du silence de la loi.

Néanmoins on ne peut manquer de reconnaître la sollicitude dont témoignent en faveur de la femme les dispositions qui règlent sa demande en séparation. La femme est seulement tenue de s'adresser au président du tribunal; elle est ensuite autorisée, quand sa plainte paraît fondée, à se retirer dans une maison qui lui est désignée; elle y reçoit, avec les effets nécessaires à son usage journalier, une pension alimentaire que son mari peut être tenu de lui fournir, et elle recouvre, pendant l'instance, l'exercice de tous les actes conservatoires de ses biens. Elle peut même, d'après l'extension dont semblent alors susceptibles les dispositions applicables à la demande du divorce, faire placer sous le scellé les effets mobiliers, dont la possession ne reste plus dès lors au mari qu'à titre de gardien judiciaire. En même temps, les pouvoirs de disposition du mari sont limités; toute obligation qu'il contracte à la charge de la communauté, ainsi que toute aliénation faite par lui des immeubles qui en dépendent, postérieurement à la date de l'ordonnance qu'il a reçue pour comparaître devant le tribunal, est frappée de nullité, toutes les fois que ces obligations ou ces aliénations peuvent avoir eu lieu en fraude des droits de la femme.

Le jugement de séparation de corps, dans ses conséquences juridiques, est également destiné à donner aux intérêts de la femme une protection et une faveur particulières. Il a pour effet de dispenser la femme de la vie commune, que le mari, libre d'aller et de venir, peut toujours faire cesser à son gré; en outre, il entraîne nécessairement à sa suite la séparation de biens judiciaire, qui fait dissoudre la communauté, si les époux sont mariés sous ce régime; qui rend à la femme, en tout cas, la libre disposition de sa fortune, et qui la dispense même de remettre au mari la somme nécessaire pour subvenir aux frais du ménage (1). La séparation de corps ne donne ainsi au mari aucun privilége vraiment nouveau; elle ne peut guère lui devenir profitable, même quand il la demande; au contraire, elle semble plutôt lui être ordinairement désavantageuse, puisqu'elle a pour ef-

(1) C'est parce que la séparation de corps entraîne la séparation de biens, qu'elle n'est pas admise par la loi par consentement mutuel, dans la crainte que les époux ne s'en servent pour tromper leurs créanciers. Du reste, la séparation de corps par consentement mutuel est toujours à la disposition des époux, seulement elle ne produit aucun effet légal.

fet de lui enlever les droits que le contrat de mariage peut lui avoir réservés sur la fortune de sa femme. La loi n'a pas voulu le laisser tirer parti de la société des biens quand il repousse la société de la personne. Elle est venue à son aide, mais seulement par une juste réforme toute récente, en ne laissant plus peser sur lui, à partir de la séparation, la rigoureuse conséquence d'une présomption de paternité qui pouvait n'être plus que tout à fait fictive, et que son désaveu seul suffit désormais pour faire tomber (1). Enfin, quand la séparation de corps a été prononcée à son profit, d'après la doctrine que la jurisprudence a fait prévaloir par application des dispositions qui concernaient le divorce, et par extension de l'article du Code relatif aux gains de survie, tous les avantages stipulés en faveur de la femme par contrat de mariage sont révoqués de plein droit; mais cette révocation atteint également les avantages stipulés en faveur du mari, quand c'est contre lui que la séparation a été obtenue.

La séparation de corps a l'avantage de laisser toujours ouverte au retour la porte par laquelle l'un ou l'autre époux est sorti de la demeure conjugale; elle ne met pas l'irréparable dans leur désunion. Elle tient en réserve un moyen d'échapper aux plus rudes épreuves de la vie commune, sans que le moyen d'échapper devienne une tentation; elle ne donne que la

(1) Loi du 6 décembre 1850, due à l'initiative de M. Demante.

triste ressource de l'isolement à ceux qui ne peuvent plus vivre ensemble, elle ne leur rend pas leur liberté; elle ne brise pas leurs liens, elle ne fait que les relâcher; et ainsi elle ne provoque pas la licence, tout en prévenant la servitude. Elle empêche qu'au milieu des écueils eux-mêmes la grande loi de l'unité permanente du mariage ne vienne à sombrer, et elle la rend compatible avec les tristes exigences des jours de désordres et de violences domestiques.

A côté des principes de la loi complétement uniformes qui servent de fondement au mariage et qui règlent spécialement la condition de la femme mariée, il faut placer les principes qui concernent plus particulièrement sa condition civile. Il faut en faire deux parts : la part qui est laissée sous quelques réserves à la liberté et à la diversité des conventions, et la part qui est restituée, sauf quelques tempéraments, à l'autorité et à l'unité de la loi. Il importe de distinguer les clauses qui, dans les contrats de mariage, peuvent assurer à la femme, par rapport au régime de ses biens, des droits plus ou moins étendus; et les dispositions qui, dans la constitution de la société conjugale, lui mesurent son indépendance, en restreignant sa capacité. Les unes, à raison de leur nature généralement changeante et variable, ne comportent, par rapport au plan auquel se ramènent toutes les parties de notre sujet, qu'un exposé très-général; les autres, par le caractère prohibitif et impératif qui les distingue, demandent, au contraire, un examen plus approfondi.

CHAPITRE DEUXIÈME.

De la condition de la femme mariée par rapport au régime de ses biens.

Le Code civil succédait à une législation en quelque sorte morcelée qui partageait la France entre les deux systèmes du droit écrit et du droit coutumier, et qui la subdivisait encore en mille coutumes locales : il devait donc tenir compte d'un état de choses où se côtoyaient et se croisaient tant d'usages différents, tant de traditions contraires. Tel fut le principe de la liberté laissée aux conventions des époux, toutes les fois qu'elles ne sont pas contraires aux lois qui protégent l'ordre public et les bonnes mœurs. Imposer tel ou tel régime dans l'intérêt d'une meilleure organisation théorique de l'association conjugale, c'eût été faire violence aux intérêts privés et porter atteinte aux droits de la propriété.

Toutefois cette liberté du choix n'en exclut pas l'immutabilité : le contrat de mariage une fois conclu appartient en quelque sorte à la société ; la volonté des parties n'a plus aucune prise sur ses dispositions, qui ne sont plus susceptibles d'aucun changement, et qui semblent participer de la permanence même du mariage. Sous cette réserve, le législateur a encouragé les époux à se faire à eux-mêmes la loi de leurs conventions matrimoniales ; il a même poussé la sollicitude jusqu'à donner place dans le Code aux divers systèmes qu'il supposait se prêter aux convenances les plus ordinaires, et il n'a laissé aux parties intéressées que le soin de faire connaître celui qu'elles préféraient. Il leur a même accordé tout droit de se créer, soit par des emprunts faits à ces diverses combinaisons, soit par des combinaisons nouvelles, des régimes appropriés à toutes les prévisions ; seulement il ne leur a pas permis de se référer aux anciennes coutumes, auxquelles il n'a pas conservé force de loi : il a exigé qu'elles donnassent alors connaissance expresse des dispositions qu'elles adoptaient.

Mais, à défaut de tout contrat, les droits des époux ne pouvaient pas être laissés à l'abandon. Le contrat de mariage, qui concerne à la fois les époux qui s'unissent, les familles qui s'allient, les enfants qui vont naître, les tiers qui contractent, le présent et tout un avenir incertain, intéresse à la fois l'ordre public et l'ordre privé ; aussi la loi donne-t-elle un contrat à ceux qui n'en ont pas fait, et le régime qu'elle leur choisit, c'est celui de la communauté. Il semble en effet bien mieux répondre aux conditions les plus naturelles du mariage, qui ne peut pas comporter en droit commun la séparation de biens, parce que, créant entre les deux époux l'union de leurs deux vies, il ne peut aboutir en principe à la désunion de leurs deux fortunes : or, à défaut de constitution de dot, c'était ce régime de séparation qui prévalait dans les pays de droit écrit; il ne pouvait contre-balancer la préférence donnée à la communauté. Le mari et la femme, qui semblent destinés à confondre entre eux les affections, les pensées, les travaux, les besoins, les jouissances et les peines, ne devaient pas, quand à cet égard leurs volontés n'étaient pas déclarées, être traités dans leurs rapports de fortune comme étrangers l'un à l'autre. D'ailleurs la femme prend ordinairement sa part dans l'aisance domestique par ses capitaux, et au moins par ses soins pour le bon ordre du ménage; il n'était donc pas juste que la loi la déclarât exclue de tous les bénéfices; il semblait même contraire aux relations d'affection qui doivent unir les époux, que le mari ne travaillât que pour s'enrichir lui-même. Enfin le mariage sans contrat, d'où résulte nécessairement l'application du régime de communauté, n'étant généralement propre qu'aux artisans, c'est justement alors que la communauté se trouve le mieux appropriée à la situation des époux. Dans les classes ouvrières, la femme, associée aux plus rudes occupations de la vie, doit au moins en tirer les profits, et la distinction du tien et du mien ne peut être de mise.

D'après les traditions de l'ancien droit, le mari, dans le régime de communauté, est, d'une part, l'administrateur des biens propres de la femme, c'est-à-dire des biens immeubles qu'elle a apportés en se mariant ou qui lui sont échus pendant le mariage par succession ou par donation, et exceptionnellement de certains biens meubles, tels que ceux qui peuvent avoir été substitués à un immeuble propre; — d'autre part, le mari est le chef de la communauté, c'est-à-dire des biens meubles et des acquêts, quels qu'ils soient.

Les biens propres, qui dans le droit coutumier étaient à peu près l'équivalent des biens paraphernaux du droit écrit, sont soumis à un régime bien différent. La femme n'a aucun droit pour en toucher les revenus; elle n'a ainsi la jouissance d'aucune part de sa fortune, et toutes ses dépenses d'entretien doivent lui être fournies par le mari. Le mari seul est usufruitier; le mari seul a le pouvoir de faire les actes d'administration et de gestion, sous sa responsabilité toutefois, et sauf appel de la femme à la justice. Mais il n'est pas propriétaire; il ne peut donc aliéner qu'avec le consentement de sa femme, et cette limitation du droit d'aliénation, qui à l'égard des immeubles résulte du texte de la loi, est généralement étendue à ceux des meubles qui sont restés exceptionnellement propres (1). La femme n'est pas placée sous le

(1) Néanmoins le mari a des droits plus larges à l'égard des meu-

coup d'une présomption complète de défiance, le législateur ne la suppose pas assez faible pour acquiescer à des actes qui mettraient ses biens personnels en péril.

Quant aux biens communs, tout pouvoir est laissé au mari, sauf de rares exceptions. La femme, à moins qu'elle ne veuille demander la séparation de biens dans le cas où elle est menacée de ruine, n'a généralement aucun droit d'agir pour son compte. Elle jouit de la position d'associée; mais, tant que dure la société, elle est en quelque sorte représentée par un gérant auquel elle est réputée avoir donné une espèce de blanc-seing. Ainsi le mari n'a dans le gouvernement de la communauté aucun besoin du concours de sa femme; il peut dépasser en toute liberté les limites des actes d'une administration même la plus étendue; il peut non-seulement consentir des baux de longue durée, des compromis, des transactions, mais encore hypothéquer les immeubles, les grever de servitudes, les engager, les faire servir à payer ses dettes antérieures ou postérieures au mariage, les aliéner. Son droit d'aliénation s'arrête seu-

bles; ainsi il peut intenter seul toutes les actions mobilières; mais le droit d'intenter une action n'entraîne pas celui de disposer de l'objet de cette action. Telle est la conclusion qu'on peut tirer de l'art. 818, qui refuse au mari le droit de procéder seul au partage d'une succession échue à la femme, aussi bien pour des meubles que pour des immeubles, du moment que ces meubles ou immeubles ne doivent pas appartenir à la communauté.

lement devant certaines aliénations gratuites : ainsi la donation entre-vifs des biens communs n'est valable à l'égard de la femme que si elle est faite aux enfants communs ; mais la donation des biens meubles produit à l'égard de toutes personnes ses effets, à moins que le mari donateur ne se soit réservé l'usufruit des choses données. Le pouvoir du mari n'est assujetti à une seconde restriction que pour les actes tels que les legs, par lesquels il disposerait des biens communs pour le temps de son décès, et dès lors pour le temps où la communauté aurait cessé. Ces actes ne peuvent préjudicier aux droits de la femme.

Sauf ces restrictions, qui ne produisent même leur effet qu'à la dissolution de la communauté, le mari peut, pendant la durée de la communauté, en user et en abuser. La loi ne lui mesure pas sa confiance ; mais cette confiance de la loi ne l'empêche pas d'être prévoyante à l'égard de la femme.

Aussi les privilèges réservés à la femme, à l'époque de la dissolution de la communauté, viennent-ils faire contre-poids à la souveraine puissance donnée au mari. Tel est le principe des récompenses, au moyen duquel la femme, avant tout partage, prélève les indemnités qui lui sont dues, non-seulement sur les biens communs, mais encore sur les biens du mari, toutes les fois que le mari s'est procuré un bénéfice, soit aux dépens de l'épouse, soit aux dépens de la communauté ; et ces reprises lui sont garanties par son hypothèque légale sur les biens du mari. Le principe des récompenses, déjà consacré par le droit coutumier, s'est fait dans le Code une plus grande place ; il s'est étendu à des cas plus nombreux (1) ; il restreint les droits du mari sur les biens communs, et il marque cette sollicitude croissante du législateur dont profitent aujourd'hui les intérêts de la femme aussi bien que ceux de ses héritiers.

C'est à la même pensée de faveur et de protection que se rattache le droit donné à la femme de n'être tenue des dettes communes que jusqu'à concurrence de l'avantage qu'elle a retiré du partage de la communauté, à condition qu'elle fasse un fidèle inventaire ; elle peut ainsi se retrancher sur son patrimoine pour s'y mettre à l'abri des créanciers envers lesquels son mari s'est engagé.

En outre, le Code lui a conservé l'important avantage de pouvoir opter en toute liberté entre l'acceptation et la répudiation de la communauté ; elle peut dès lors se soustraire, quand la communauté ne doit pas lui être profitable, à tous les frais, à toutes les charges d'une acceptation souvent onéreuse, et se dispenser de remplir les conditions sans lesquelles l'acceptation peut lui devenir préjudiciable. Enfin,

(1) Ainsi, il s'applique maintenant au cas où le mari a employé les biens communs à l'acquittement des amendes ou des restitutions encourues par un délit.

cette répudiation lui laisse même le droit d'emporter les effets qui servaient à son usage journalier, et cette disposition doit encore prendre place dans le système de bienveillance dont nous avons marqué le caractère général.

L'équilibre de la société conjugale dépend de la conservation de tous ces priviléges, sans lesquels la femme serait entièrement sacrifiée au mari; aussi la loi déclare expressément que la femme ne peut, dans aucun régime de communauté, s'interdire le droit de renonciation; et cette disposition semble même pouvoir s'étendre à toutes les autres garanties qui font partie des combinaisons constitutionnelles de la communauté. Il serait contraire à l'ordre public que la femme, lorsqu'elle laisse pendant la durée de la communauté presque tous ses droits en suspens, pût renoncer à les faire ensuite valoir, et cessât ainsi d'être protégée.

D'ailleurs le libre choix des conventions laissé aux volontés des époux, est destiné à leur rendre la responsabilité des avantages ou des désavantages de leur régime matrimonial. « La liberté manquerait de « vie réelle si, sous prétexte de certains abus possi- « bles, elle n'avait pas une constitution large qui « souffre même un peu de mal pour un plus grand « bien (1). » Néanmoins, dans les différents systè-

(1) M. Troplong, vol. II, Contrat de mariage, § 8.

mes que le Code lui-même met à la disposition des parties intéressées, on peut généralement retrouver, sous des formes contraires, les principes de garantie et de protection de la femme qui se prêtent aux combinaisons les plus variées.

Tel est l'effet des principales clauses de la communauté conventionnelle, qui peuvent, il est vrai, être stipulées indistinctement au profit de l'un ou de l'autre époux, mais dont plusieurs paraissent plus particulièrement destinées à profiter le plus souvent à la femme. Ainsi, notamment, la communauté réduite aux acquêts, l'exclusion totale ou partielle du mobilier, restreignent les pouvoirs du mari en augmentant la part des biens propres; les clauses de séparation des dettes, qui peuvent exclure de la communauté, soit les dettes antérieures au mariage, soit toutes les autres dettes, ne devaient, d'après les anciens auteurs, profiter qu'au mari à l'égard de sa femme endettée; mais elles peuvent assurément aujourd'hui être stipulées également en faveur de la femme; et elles semblent même être pour elle une garantie plus importante, puisqu'il est sans aucun doute plus commun de trouver des maris obérés que des femmes ayant des créanciers. Le droit qui peut être réservé à la femme de reprendre son apport, dans le cas où elle renonce à la communauté, la soustrait, lorsque la communauté ne s'est pas enrichie, à l'obligation du partage de son avoir. En outre, les clauses qui modifient le partage par moitié ont fréquemment pour effet de rétablir en faveur de la femme les avantages de l'ancien douaire par la constitution d'un préciput qui peut lui être réservé même en cas de renonciation à la communauté (1). Enfin les obligations particulières souvent imposées au mari par la convention spéciale des parties en dehors des prévisions du Code, telles que l'obligation fréquente du remploi des immeubles de la femme; la réserve faite à la femme d'une part des revenus, multiplient généralement dans les régimes de communauté les clauses favorables à ses intérêts, et empêchent que la balance ne penche avec trop d'inégalité du côté de celui que la nature a fait le plus fort, et que la loi a fait le plus puissant.

Ainsi la communauté, organisée principalement en vue du partage des bonnes chances d'une association prospère, et qu'on pourrait appeler le régime optimiste, a été également destinée, malgré le caractère aléatoire qui la distingue, à préserver la femme des épreuves les plus rigoureuses de la mauvaise fortune. En lui reconnaissant le droit de consentir à l'aliénation de ses biens propres, elle la laisse maîtresse de

(1) La faveur accordée par la loi au régime de communauté met les avantages que les époux peuvent s'être procurés l'un à l'autre sur les biens communs par leur contrat de mariage à l'abri de toute demande en réduction de leurs héritiers réservataires réciproques, sauf le cas où les héritiers sont des enfants nés d'un précédent mariage.

pouvoir se réserver à elle et à ses enfants la dernière ressource pour les jours de malheur; d'autre part, en lui ménageant les priviléges qui lui permettent de ne pas porter toute la responsabilité d'actes auxquels elle n'a eu aucune part, elle empêche que ses biens propres ne soient fatalement entraînés par le mari dans la même ruine que les biens communs; elle la soustrait aux plus rudes conséquences de la sujétion qui lui a été imposée, et dont elle ne doit pas, sans une choquante injustice, devenir entièrement victime.

Mais le Code n'a pas laissé à la femme, à défaut d'un contrat, l'avantage du douaire (1) qui assurait le sort de la veuve sur les biens propres du mari, qui lui donnait part à son héritage, et qui augmentait ainsi le patrimoine mis à l'abri de toutes les chances de l'association (2). D'ailleurs on ne peut s'empêcher de reconnaître que les garanties qui ont été réservées à la femme sur ses biens propres, ou bien celles qui lui étaient accordées par l'ancien droit sur les biens propres du mari, ne sont plus aujourd'hui pour elle des moyens de protection bien efficaces. L'accrois-

(1) Voir sur le douaire, ses origines, sa constitution, ses avantages, la savante thèse de doctorat qui vient d'être publiée par M. Paul de Salvandy.

(2) Les seuls gains de survie légaux conservés par le code à la femme sont, avec le droit de deuil, le droit d'habitation et de nourriture pendant le délai d'option de trois mois et quarante jours, si elle est mariée sous le régime de la communauté; et les mêmes droits pendant un an, si elle est mariée sous le régime dotal.

sement de la fortune mobilière, qu'ont grossie tour à tour les rentes désormais mobilisées, et toutes les sources de richesses ouvertes aujourd'hui par l'industrie, augmente considérablement les pouvoirs du mari; il enlève en même temps beaucoup d'importance à la prévoyante distinction des biens propres et des biens communs, et par conséquent aux droits donnés à la femme de préserver ses biens propres. Dès lors le régime légal, le régime de ceux qui ne font pas de contrat, tendrait à devenir un régime de communauté universelle; et comme dans le régime de communauté universelle il ne reste à la femme aucune réserve, l'attention du législateur ne pourra manquer de se fixer sur les garanties nouvelles qui doivent préserver ses intérêts. C'est à cette nécessité que pourrait satisfaire, soit le privilége attribué à la femme pour ses reprises, et qu'une nouvelle jurisprudence prétend faire sortir de la loi même; soit sa participation plus active aux actes qui intéressent ou qui compromettent le sort de la communauté; soit enfin la restriction de la communauté aux acquêts (1).

Ce n'est pas seulement dans les régimes de com-

(1) La loi du 18 juin 1850 réserve, comme biens propres à l'un ou l'autre époux, toute somme déposée avant le mariage à la caisse des retraites destinée à servir aux ouvriers, pendant leur vieillesse, des rentes viagères; et elle leur laisse même en propre, mais alors à chacun pour moitié, les sommes versées pendant le mariage.

munauté que le législateur a voulu réserver à la femme des moyens particuliers de protection, tels que le droit de renoncer à la communauté, et celui de n'être tenue des dettes que jusqu'à concurrence de son émolument; dans les autres régimes, même dans ceux auxquels il se montrait moins favorable, il a assuré à la femme l'avantage de nouvelles exceptions au droit commun. Ainsi, quoique le régime dotal soit contraire à la libre circulation des biens et au mouvement de la propriété que le Code a surtout eu en vue de favoriser, il peut être choisi par les époux, mais seulement moyennant la convention formelle d'adoption du régime dotal et de constitution de dot: la femme peut chercher la garantie de sa sûreté dans l'inaliénabilité (1) de ses immeubles dotaux, garantie par leur imprescriptibilité, et dans l'inaliénabilité des revenus de ses immeubles en tant qu'ils sont applicables aux besoins du ménage. L'inaliénabilité, contraire aux règles qui ne permettent pas à la volonté de l'homme de créer des biens indisponibles, peut être ainsi, par une faveur spéciale, consacrée dans le contrat de mariage; elle n'y comporte, de plein droit, que de rares exceptions légales, qui sont même subordonnées à l'autorisation de vente donnée par la justice; et elle ne cesse qu'à la dissolution du mariage.

(1) Cette inaliénabilité emporte également l'exclusion du droit d'hypothèque.

Dans les pays attachés aux traditions persistantes du droit écrit; dans les familles où la femme, au lieu d'être associée à tous les progrès de la fortune du ménage, a plutôt besoin d'avoir un rempart contre les dissipations du mari et les entraînements de sa propre condescendance; dans les positions auxquelles conviennent davantage les intérêts héréditaires de la fixité et de la conservation, le législateur se prête aux dispositions défiantes, souvent peut-être justifiables, qui ne laissent la femme rien gagner, mais qui l'empêchent de rien perdre. Il craint que la femme ne soit entraînée dans une ruine commune, et permet qu'elle puisse être retenue sur la rive, d'où elle contemplera en sûreté, comme le tranquille spectateur dont parle Lucrèce, les fureurs de la tempête, étrangère aux périls de celui qui est pourtant le compagnon de sa vie, et soustraite ainsi aux épreuves, mais aussi aux joies du sacrifice.

Toutefois les biens paraphernaux peuvent lui laisser une part de liberté; le système des biens paraphernaux, que les parties peuvent transporter dans toute espèce de contrat, a continué à être également encadré par la loi elle-même dans le régime dotal. La loi a jugé que la femme s'y réserverait ordinairement les revenus des biens qu'elle ne s'était pas constitués en dot, en échange des pouvoirs conférés au mari sur la dot, qui comprennent le droit d'exercer seul toutes les actions, même celles qui n'appartiennent qu'au propriétaire, comme les actions immobilières pétitoires; et le droit de recueillir seul les revenus de la dot, sur lesquels la femme ne peut jamais avoir aucune reprise.

Enfin, les prévisions du Code se sont étendues jusqu'à l'organisation du régime d'exclusion de communauté, et même du régime de séparation de biens, qui ne répond pas assurément au but normal du mariage, mais qui, dans certaines situations, par exemple pour des familles opulentes dont les affaires sont embarrassées, peut avoir également plus d'avantages que d'inconvénients. Le premier de ces deux systèmes conserve à la femme la propriété de tous ses biens meubles et immeubles; il donne au mari le droit de les administrer et de recueillir à son profit les revenus, en compensation de toutes les charges qu'il doit seul supporter. Le second laisse à la femme le droit d'administration de tous ses biens, et la jouissance des revenus; il ne l'oblige qu'à verser entre les mains du mari la part nécessaire aux charges du ménage, que la loi fixe au tiers des revenus, sans empêcher que cette contribution ne soit plus ou moins étendue, au gré des parties. La loi ne s'oppose pas à ce que la défiance qui sépare les fortunes puisse se concilier exceptionnellement dans ce dernier régime avec la confiance qui unit les personnes.

Ainsi la condition de la femme, par rapport au régime de ses biens, est susceptible de toutes les transformations; elle se prête à toutes les métamorphoses, parce qu'elle se concilie tantôt avec les calculs de l'intérêt, tantôt avec les affections du cœur, et toujours avec les insaisissables diversités de notre *ondoyante* nature humaine. Il était donc juste que la volonté de la loi, qui a seulement la charge d'être protectrice du bon ordre et de la morale publique, se subordonnât dans les contrats de mariage aux convenances et à la volonté irrévocable des familles, et favorisât ainsi le mariage lui-même.

Cette liberté des conventions, destinée dans les différents systèmes du Code à être plus ou moins sûrement profitable à la femme, ne peut pas tourner entièrement à son détriment. Aussi les intérêts de la conservation de sa fortune ont-ils été préservés, indépendamment de toutes les clauses des contrats, par deux garanties particulières qui résultent de la loi : l'hypothèque légale constituée sur les biens immeubles du mari, et le droit d'obtenir un jugement de séparation de biens.

L'hypothèque légale de la femme mariée, dispensée de toute inscription, est constituée sur tous les immeubles présents et sur tous les immeubles à venir, à mesure qu'ils entrent dans le patrimoine du mari; elle frappe les immeubles acquis à la communauté, lorsqu'à la dissolution de la communauté ils entrent par le partage dans le lot du mari, ou bien sont présumés lui avoir toujours appartenu, en cas de renonciation de la femme. Elle garantit toutes les créances que la femme peut, en sa qualité d'épouse, avoir sur son mari, à quelque titre que ce soit, et sous quelque régime qu'elle soit mariée. Mais les immeubles, ne faisant plus aujourd'hui, comme autrefois, partie presque nécessaire de toute fortune un peu considérable, il arrive bien plus souvent que l'hypothèque légale fasse défaut, et que la prévision du législateur soit ainsi trompée.

La femme mariée, qui ne peut dès lors toujours exercer une hypothèque légale, ne peut jamais au moins être privée de la ressource que lui assure un jugement de séparation de biens. La séparation de biens judiciaire a pour effet de prévenir ou d'arrêter les dangers auxquels la femme peut être exposée par la mauvaise administration du mari. La femme peut donc la demander (1) toutes les fois que les dissipations, les imprudences du mari, ou même des malheurs imprévus lui donnent lieu de craindre que les biens du mari ne soient insuffisants pour garantir, soit la part de fortune qu'elle a apportée, soit celle qu'elle a gagnée, soit celle qu'elle peut attendre, en un mot toutes ses reprises même éventuelles.

Toutefois, dans les régimes, comme celui de com-

(1) La séparation de biens ne peut être demandée par les créanciers de la femme, dans l'intérêt de leurs droits, que dans les cas de faillite ou de déconfiture du mari.

munauté légale, où la femme est tenue en dehors de toutes les affaires, on ne peut se dissimuler que cette garantie court risque d'être tardive, et par conséquent illusoire ; la femme reste exposée à n'apprendre sa ruine que le jour où elle est ruinée. Cependant les précautions de la loi n'ont pas été négligées à son égard (1) ; et dans une vue de protection prévoyante, la séparation de biens remonte pour tous ses effets au jour de la demande, afin que dans l'intervalle de la demande au jugement la femme ne soit pas condamnée à rester spectatrice impuissante du naufrage de sa fortune. Dès lors, elle est mise à l'abri de toutes les conséquences des actes de disposition des biens communs, ou d'administration de ses biens propres faits par le mari postérieurement à sa demande ; ils ne peuvent être valables lorsqu'ils lui sont nuisibles.

La séparation de biens judiciaire ne soustrait pas la femme aux effets juridiques de l'incapacité que la loi a attachée à la qualité de femme mariée ; mais elle lui fait reprendre la jouissance et l'administration de ses biens, dans laquelle rentre le droit de disposition de sa fortune mobilière, et elle opère la liquidation de la société qui peut, sous tel ou tel régime, avoir été établie entre les deux époux par le contrat de mariage. Ainsi, dans le régime de communauté, elle donne

(1) Ces précautions ont été également assurées aux créanciers par la publicité de la demande, la publicité du jugement, leur droit d'intervenir dans l'instance.

ouverture à tous les droits que la dissolution de la communauté attribue à la femme; dans le régime dotal, elle lui restitue sa dot avec tous les pouvoirs de gestion qui la concernent, lorsque la dot vient à être compromise par les détériorations du mari; mais elle ne la rend pas aliénable (1). Enfin elle peut trouver son application quand même les époux sont mariés sous le régime de séparation de biens, dans le cas où le mari fait un mauvais usage des fonds qui lui sont remis pour les besoins du ménage, notamment pour l'éducation des enfants; la femme est alors intéressée à s'adresser à la justice pour en faire elle-même emploi, proportionnellement à ses ressources et à celles de son mari (2).

Ainsi la séparation de biens met entre les mains de la femme pour les mauvais jours comme une arme de défense; elle protége sa fortune, comme la séparation de corps protége sa personne; elle est destinée à l'empêcher d'être victime des désastres qui achè-

(1) D'après la doctrine de la jurisprudence relative à l'inaliénabilité de la dot mobilière, la séparation de biens aurait, au contraire, pour effet de consacrer à l'égard des deux époux cette prétendue inaliénabilité, parce qu'elle enlève au mari le droit de disposition de la dot mobilière, sans pouvoir le transférer à la femme, qui serait en tout temps incapable de l'exercer.

(2) La séparation de biens judiciaire ne met pas obstacle au rétablissement du contrat primitif, quand la femme le demande et que le mari y consent; mais la cessation de séparation n'est valable pour les tiers qu'après avoir été rendue publique, et elle ne produit à leur égard aucun effet rétroactif.

veraient sa ruine et celle de ses enfants; elle lui donne le droit de pouvoir arrêter les écarts de cette autorité du chef, maintenue au mari sur les biens sous tous les régimes, dans une mesure plus ou moins large, favorisée par le Code, mais toujours arrêtée aux limites où l'injustice et l'oppression commencent. Elle complète les sages combinaisons qui se prêtent aux avantages de toute sorte propres à lui rendre tantôt la prospérité plus profitable, tantôt l'adversité moins nuisible. La société conjugale, telle que la constituent les contrats de mariage, a irrévocablement cessé d'être au profit du mari une société léonine.

Mais, si les dispositions relatives aux divers régimes des biens des époux sont le témoignage de la bienveillante sollicitude du législateur, il est permis de s'étonner que la même faveur ne se soit pas étendue au droit de succession réciproque des conjoints. La quotité disponible qu'ils peuvent se laisser l'un à l'autre par donations entre vifs ou testamentaires est, il est vrai, étendue, en certains cas, au delà des limites dans lesquelles elle est renfermée quand elle est destinée à avantager un étranger; mais le droit d'héritiers qu'ils tiennent de la loi est reculé à un degré bien éloigné : le conjoint n'est appelé que le dernier après tous descendants, ascendants et collatéraux de l'époux défunt, même après ses enfants naturels; il n'exclut que l'État. Le Code s'est écarté des principes auxquels le droit écrit avait donné un timide accès, au moins entre les époux pauvres; il a maintenu la préférence accordée par le droit coutumier aux parents des époux, mais qui était tempérée à l'égard de la femme par le douaire destiné à compenser les droits d'héritière que les parents mâles lui enlevaient dans sa famille paternelle. Il aurait pu assurer une légitime conciliation à tous les intérêts contraires en réservant un droit d'usufruit à l'époux survivant; mais, par suite d'un malentendu qui s'est produit dans la discussion du conseil d'État, il ne lui a pas donné la place qui devrait lui appartenir dans une législation comme la nôtre, où les présomptions de l'affection déterminent les droits de famille, et en particulier les droits de succession.

CHAPITRE TROISIÈME.

De la condition de la femme mariée par rapport à son état d'incapacité civile.

La dépendance civile de la femme mariée, qui n'est pas inhérente au contrat de mariage, est dans notre Code inséparable du mariage lui-même, et se rattache à son organisation. Les contrats de mariage peuvent avoir pour effet la restriction ou l'extension des pouvoirs de la femme; mais le mariage la soumet à un certain état d'incapacité qui est devenu la loi commune de la France. Les principes du droit coutumier ont prévalu sur les principes du droit écrit, et sont devenus des dispositions d'ordre public.

La femme, en dehors du mariage, jouit dans notre société, à l'égard de ses droits civils, d'une capacité pleine et entière qui est égale à celle de l'homme; la loi a rompu avec les systèmes qui refaisaient l'œuvre de Dieu en prétendant faire reconnaître l'infériorité de sa nature. Mais la femme mariée est, à raison de sa qualité d'épouse, frappée, par rapport à certains actes, d'une incapacité qui la rend dépendante; elle est soumise à la nécessité de se faire autoriser par le mari; elle ne peut, pour ses actes civils, se suffire à elle-même.

Le simple rapprochement de ces deux conditions de la femme hors mariage et dans le mariage démontre que cette incapacité ne résulte pas d'une présomption de faiblesse d'esprit qui ne s'appliquerait ni à la fille majeure ni à la veuve, et qui ne peut dès lors être spéciale à la femme mariée. Cette doctrine choquerait la raison; elle donnerait au mariage le singulier effet de tenir en suspens l'intelligence de celle qui est appelée à la vie de compagne et de mère; elle serait contraire aux droits de famille que la loi reconnaît à la femme mariée, et qu'elle lui confère même sur la personne de son mari, par exemple, quand elle le met sous sa tutelle dans le cas où il est interdit.

L'incapacité de la femme mariée, qui n'est plus laissée, comme dans l'ancien droit français, à l'empire des conventions privées, est destinée à assurer l'autorité du mari; elle est une satisfaction accordée à son droit de commandement et de consentement, qui semblait au législateur être indispensable au bon ordre de la société conjugale; elle ne comporte aucune exception; et peut quelquefois consacrer un peu rigoureusement sa dépendance permanente.

Néanmoins la loi, en lui imposant l'obligation d'obéissance, n'a pas négligé le soin de sa protection. Elle a fait tourner son incapacité à son avantage en lui donnant le droit d'invoquer elle-même, à son profit, la nullité des actes qu'elle a pu faire sans être autorisée; elle a empêché que ses intérêts ne pussent être lésés, en suppléant par l'autorisation des tribunaux à l'autorisation du mari, quand elle est injustement refusée; enfin elle n'a pas voulu que la femme fût soumise, soit au consentement d'un mari mineur, parce qu'elle n'a pas confiance dans son expérience, soit au consentement d'un mari frappé d'une peine afflictive ou infamante, parce qu'elle le considère comme déchu de ses droits; et dans ces cas exceptionnels, comme dans celui de démence ou d'interdiction, elle a substitué directement au pouvoir du mari celui de la justice.

Mais, parce que la nécessité de l'autorisation n'a pas pour effet de sacrifier l'intérêt de la femme à l'intérêt du mari, il n'en faut pas conclure qu'elle ait un autre but normal qu'une garantie de dépendance et de soumission. Si la tutelle de l'État prend accidentellement la place de la tutelle du mari quand celle-ci fait défaut, ce n'est pas parce que la femme mariée ne peut se passer d'un secours dont elle n'aurait plus besoin le jour où elle deviendrait veuve, c'est bien plutôt parce que, dans le système du Code, elle ne doit pas, pendant le mariage, rester maîtresse de faire toutes ses volontés et de courir les risques de la liberté. L'avantage de la conservation de son patrimoine est sans doute, dans l'état de nos mœurs, le résultat ordinaire de cette incapacité inséparablement liée à la condition d'épouse; mais il ne paraît pas en avoir été la cause déterminante.

L'incapacité de la femme mariée ne commence qu'à partir du mariage, de même qu'elle ne finit qu'au moment de sa dissolution. Comme toutes les lois personnelles, elle ne s'applique qu'aux Françaises, et les suit partout hors du territoire; elle est inséparable de leur condition.

Elle est établie :

1° Pour les actes judiciaires;

2° Pour les contrats d'aliénation et d'acquisition.

SECTION I.

De l'incapacité d'agir en justice.

La femme mariée ne peut, sans autorisation, ester en jugement (1), c'est-à-dire agir en justice; elle est incapable d'intervenir dans aucune instance judiciaire. La loi lui refuse le droit de s'exposer aux chances d'un procès; elle donne au mari, et, en cas de refus ou de défaut du mari, à la justice, le droit d'apprécier l'intérêt que la femme peut avoir à l'intenter ou à le soutenir.

L'autorisation est requise quand même le procès est commencé avant le mariage. Deux exceptions sont seulement admises : dans le cas où l'affaire est en état (2), c'est-à-dire quand la procédure est terminée; et même si elle n'est pas en état, dans le cas où le mariage n'a pas été notifié à la partie adverse, à laquelle le défaut d'autorisation ne peut alors être opposé.

La règle de l'autorisation par rapport aux actions civiles ne comporte aucune exception. Ainsi elle s'applique indistinctement, quelle que soit la part de droits que la femme se soit réservée par son contrat de mariage; elle produit les mêmes effets pour la femme mariée en communauté et pour la femme

(1) Art. 215, Code civil.
(2) Art. 342, 345, C. proc.

séparée de biens, contrairement à la distinction de plusieurs anciennes coutumes; elle n'est pas davantage suspendue en faveur de la femme marchande (1), quoique la femme marchande puisse sans autorisation passer des actes relatifs à son négoce.

La femme, qui n'a pas besoin d'être autorisée quand son mari plaide contre elle, parce que la demande du mari implique son autorisation, ne peut, au contraire, se passer d'autorisation lorsqu'elle plaide contre son mari. Elle n'est pas dispensée de lui demander son consentement, bien que le recours direct à l'autorisation de la justice eût pu sembler préférable, quand les intérêts des deux époux sont contraires. Tel est au moins le principe qui est appliqué dans certains cas spécialement déterminés, par exemple, lorsque la femme veut intenter une demande en séparation de corps ou de biens.

Mais ce n'est pas la même exception qui semble avoir prévalu dans une circonstance où la nécessité de l'autorisation du mari semble cependant aboutir à une véritable inconséquence. Quand il s'agit pour une femme de demander la nullité de son mariage, il semble au moins étrange que le mari soit requis de consentir à cette demande, ainsi que l'a décidé la cour de cassation par un dernier arrêt du 21 juin

(1) La femme marchande n'était, dans l'ancien droit, dispensée d'autorisation pour agir en justice que dans de très-rares coutumes, comme celles de Dourdan, de Mantes.

1845. En effet, comment cette demande peut-elle être comprise dans la disposition générale qui rend la femme mariée incapable d'agir en justice, puisque l'action intentée par la femme tend à faire déclarer qu'il n'y a pas mariage? Comment la femme peut-elle être obligée de reconnaître au mari la qualité qu'elle lui dénie? En outre, si le consentement du mari était une fois requis et obtenu, ce consentement aurait pour effet de créer un accord entre les parties. Or cet accord a été repoussé par la loi quand il s'agissait seulement pour les époux de changer par la séparation de corps ou la séparation de biens les relations de leur mariage. Il est vrai que l'autorisation directe de la justice n'est pas prévue quand il s'agit de demande en nullité de mariage, et qu'elle ne peut être étendue à des cas autres que ceux pour lesquels elle a été expressément établie. Mais, parce que l'autorisation de justice ne peut être requise, l'autorisation du mari ne nous paraît pas davantage être fondée, et il en faudrait conclure que, pour une demande en nullité de mariage, la femme ne devrait être assujettie à aucune autorisation. Il s'agit pour elle de faire décider toute une destinée, qui n'est peut-être pas irrévocablement engagée; elle se prétend victime d'une de ces erreurs auxquelles la loi accorde une réparation exceptionnelle; il ne doit dépendre d'aucun *veto* d'empêcher que la justice ne lui soit librement rendue.

L'autorisation du mari, toutes les fois qu'elle est requise, est nécessaire à la femme devant tous les degrés de juridiction. Ainsi la femme citée devant le juge de paix, même en conciliation, doit être autorisée, parce que la citation en conciliation est le début de l'instance judiciaire. Mais, quand l'autorisation a été donnée sans aucune restriction expresse, peut-elle servir pour toutes les phases du procès? est-elle, par exemple, valable pour l'appel ? Divers systèmes ont partagé l'opinion des auteurs. Mais si l'on considère que le mari, en ne mettant aucune réserve expresse à son autorisation, doit avoir permis à la femme de faire valoir ses droits le plus avantageusement qu'elle pourra, on sera porté à décider, sans aucune distinction, que tous les moyens ordinaires et réguliers de recours réservés par la loi aux plaideurs doivent lui être librement laissés. D'ailleurs le mari peut rester maître de révoquer son autorisation, et le droit de révocation garantit bien suffisamment sa prérogative.

La femme a besoin d'autorisation, quel que soit le rôle qui lui appartienne dans l'instance. Si elle est partie demanderesse, elle doit, sous peine de nullité de son assignation, s'être fait autoriser. Si elle est partie défenderesse, le demandeur qui l'assigne doit en même temps assigner le mari, s'il ne veut pas s'exposer à la nullité de la procédure et même de la sentence; et si le mari refuse de laisser mettre sa femme en cause sans que la justice lui permette d'agir seule, il obtient un jugement par défaut.

La nécessité de l'autorisation n'a pas été requise aussi rigoureusement devant les tribunaux de justice répressive ; criminelle, correctionnelle ou de simple police. La femme n'a pas encore, il est vrai, le droit que certaines coutumes (1) lui avaient pourtant reconnu, de poursuivre directement, comme partie civile, la réparation des crimes ou des délits dont elle peut être victime ; le mari reste juge, sauf la décision contraire des tribunaux, de l'opportunité et de la convenance de son intervention. Mais, lorsque la femme est accusée, la justice est intéressée à débattre directement avec elle la poursuite, et l'autorité de la loi qui prescrit sa présence à l'instruction du procès et au jugement ne peut être tenue en échec par aucune autre autorité. En outre, il aurait paru trop rigoureux d'exposer la femme à une condamnation par défaut, et de la priver de défendre à tous risques les intérêts de son honneur et de sa liberté. Dans les affaires civiles, le jugement par défaut peut au moins épargner les frais, quand la cause paraît trop mauvaise au mari ou au tribunal pour être utilement plaidée ; mais, dans un procès criminel ou même correctionnel, la question de frais ne peut pas entrer en balance avec l'important avantage de la défense.

(1) Notamment celle d'Orléans.

Aussi peut-on trouver préférable de ne pas distinguer entre le cas où le ministère public agit seul et le cas où la partie lésée par la femme agit comme partie civile devant les tribunaux de justice répressive. D'abord, devant un tribunal criminel, la partie civile ne peut agir qu'en joignant son action à celle du ministère public; et du moment que la femme est reconnue capable de se défendre quant au fait principal, elle ne peut être déclarée incapable quant aux conséquences de ce fait (1). Ensuite, quand la femme est poursuivie directement par la partie civile, qui a le droit d'intenter l'action sans le concours du ministère public devant le tribunal correctionnel ou de simple police (2), quoique l'action puisse alors être seulement civile, néanmoins le motif de dispense de l'autorisation subsiste. En effet, le tribunal correctionnel saisi de l'action civile doit, avant d'accorder les dommages-intérêts réclamés par la partie lésée, constater le délit. Cette constatation peut amener contre la femme une condamnation correctionnelle, car le ministère public peut immédiatement conclure à l'application de la peine. Or, dès que la femme est exposée à subir une peine, son droit de défense ne doit être subordonné à aucune autorisation. Tel est

(1) L'autorisation serait seulement requise si la partie civile intentait séparément une action en dommages-intérêts devant un tribunal civil.

(2) Art. 145, 182, C. instr. crim.

le principe au moins apparent des dispositions différentes qui sont suivies quand il s'agit d'affaires civiles ou d'affaires pénales.

Mais il faut peut-être reconnaître que le législateur a voulu ainsi protéger également l'intérêt des tiers et leur assurer le bénéfice de la disposition du droit criminel qui autorise la partie civile à former sa demande dans tout le cours des débats, jusqu'au jour du jugement. La nécessité de demander l'autorisation pour requérir contre la femme des dommages-intérêts aurait pu souvent gêner l'exercice de leur droit et les exposer à le faire valoir trop tard pour qu'il pût leur profiter.

L'autorisation dont la femme a besoin pour ses actes judiciaires, sous la réserve des cas de défense devant d'autres tribunaux que les tribunaux civils, ne concerne pas les actes conservatoires que la femme pourrait faire pour protéger ses intérêts. Ainsi elle pourrait requérir la transcription d'une donation entre vifs, l'inscription de son hypothèque légale sur les biens de son mari, ou celle de toute hypothèque conventionnelle; faire une sommation à ses débiteurs, à l'effet d'interrompre la prescription. Ces actes sont des actes de sûreté qui ne peuvent avoir que des avantages, et pour lesquels l'autorisation ne serait jamais légitimement refusée à la femme. Tel est le juste motif qui l'en a fait dispenser.

SECTION II.

De l'incapacité de contracter.

L'incapacité de la femme par rapport au droit de contracter n'est pas aussi étendue que l'incapacité qui pèse sur les mineurs et sur les interdits. L'article 1124 du Code civil ne la proclame que dans les cas exprimés par la loi, et ne semble par conséquent l'admettre qu'à titre d'exception. Mais l'article 217 lui donne un caractère à peu près général en l'étendant à tous les contrats d'aliénation et d'acquisition, c'est-à-dire aux actes par lesquels la femme, dans le langage juridique, peut rendre sa condition, soit pire, soit meilleure.

I. L'incapacité pour la femme mariée de rendre sa condition pire comprend les actes par lesquels la femme peut transférer sa propriété, ou bien à titre gratuit, ou bien à titre onéreux ; c'est-à-dire, soit qu'elle n'obtienne en retour aucun équivalent, soit qu'elle reçoive, au contraire, une compensation.

Ainsi la femme ne peut sans autorisation faire aucune libéralité; elle ne peut disposer d'aucune part de ses biens en faveur de personne; il lui faut une permission pour être généreuse ou reconnaissante. La femme mariée ne garde que la liberté de faire son testament comme celle de le révoquer, parce que le testament ne doit produire aucun effet pendant le mariage; cette liberté lui est expressément réservée par le Code, et elle avait même fini par ne lui être plus refusée dans l'ancien droit que par quelques rares coutumes, comme celle de Bourgogne et celle de Normandie.

Ce sont donc les actes de translation de propriété entre vifs qui restent interdits à la femme mariée. Aussi tout contrat par lequel elle aliène, comme tout contrat par lequel elle donne, ne peut-il être valable sans qu'elle soit autorisée. Elle ne peut par conséquent faire librement aucune vente, aucun échange, aucun payement; consentir sur ses immeubles aucune servitude, soit réelle, telle que le droit de passage, de vue; soit personnelle, telle que l'usufruit ou l'usage; grever ses propriétés d'aucune hypothèque; en un mot, elle ne peut traiter à son gré avec un tiers d'aucun des droits qui lui appartiennent.

Cette incapacité a même été étendue au droit de renoncer, soit à une succession, soit à un legs; mais comme elle a été expressément établie par le Code en cas d'acceptation, il en résulte peut-être que le silence de la loi la rend inapplicable au cas de répudiation. Quand il s'agit de refuser de s'enrichir, il semble que la femme doit rester maîtresse de ses déterminations; il semblerait contraire à toute convenance de lui imposer l'héritage d'une fortune que les scrupules ou les répugnances les plus légitimes peuvent lui faire repousser.

Quoi qu'il en soit, il est certain que l'incapacité de la femme mariée n'a aucun caractère général; elle n'exclut pas les tempéraments et les restrictions. Ainsi elle ne saurait avoir aucune conséquence, soit par rapport aux droits de famille que la loi elle-même attribue à la femme mariée, soit par rapport à ceux qui restent indépendants de sa qualité d'épouse. Le droit de publication d'écrits, par exemple, malgré la discussion qui a été soulevée il y a quelques années (1), n'est pas soumis à la nécessité d'une autorisation préalable qui puisse être donnée par la justice, à défaut du consentement du mari; il ne semble pas au moins pouvoir être atteint par l'article 217. Les contrats qui peuvent intervenir à l'occasion de la publication, et auxquels il y aurait lieu à tous égards d'assimiler les contrats d'engagement théâtral, tombent seuls sous l'application de la règle qui résulte de l'article 217; mais le fait même de publication y doit rester étranger. Autrement il faudrait soutenir qu'en faisant usage des dons de son intelligence, la femme aliène les produits d'un patrimoine, dont elle ne peut jamais disposer quel qu'il soit. Mais cette assimilation de la pensée humaine à un capital ou à un bien-fonds serait une audacieuse fiction à laquelle résiste toute saine interprétation de la loi. Sans doute, la publication d'œuvres littéraires ou artistiques peut être contraire aux vues étroites ou justement prévoyantes du mari, et faire dès lors manquer la femme au devoir d'obéissance qui lui est prescrit; mais il n'en résulte pas qu'une mesure préventive comme l'autorisation ait été légalement garantie au mari, et que le privilége de la censure soit consacré en sa faveur et puisse être repris par les tribunaux. S'il fallait soumettre légalement à un contrôle préalable la liberté d'écrire, dont quelques femmes seulement peuvent se servir, et ne seront même guère tentées de faire usage en cas d'opposition de leur mari, la liberté de parler semblerait comporter bien plus

(1) Séance du 28 mars 1841, Chambre des députés.

opportunément le même régime : la femme pourrait ainsi se trouver juridiquement obligée à garder le silence.

L'incapacité spéciale aux contrats par lesquels la femme dispose de ses droits ne peut s'étendre aux engagements qui ne dépendent pas directement de sa volonté et qui ne rentrent pas dans la classe des conventions. Elle ne peut donc la soustraire à l'application du principe d'équité qui défend de s'enrichir aux dépens d'autrui, ni l'affranchir de l'obligation de réparer le tort né de ses délits ou quasi-délits, c'est-à-dire produit par son dol ou par sa faute. Il eût été contraire à toute justice de laisser la femme profiter de la perte des tiers, ou bien de mettre à leur charge un dommage dont ils n'ont pas pu se garantir. Leur intérêt n'est pas sacrifié, en tout état de cause, à l'intérêt du mari : ainsi, lorsqu'en l'absence de la femme quelqu'un a géré utilement ses affaires, elle est tenue de lui rembourser toutes ses dépenses (1); et le quasi-contrat peut dès lors devenir pour elle la source d'une obligation valable lorsqu'il ne résulte pas d'un fait qui soit le sien propre.

Enfin la liberté même de contracter est, dans une certaine mesure, réservée en droit commun à toute femme mariée, quand il s'agit des actes d'administration purement domestique par lesquels elle pourvoit à son entretien et aux dépenses journalières de la vie commune. La règle de l'incapacité devait céder au besoin de lui laisser une libre part de gestion, sans laquelle elle n'eût pu exercer ce gouvernement qui semble lui être naturellement dévolu. Mais, pour ne pas porter atteinte à l'autorité du principe, le législateur ne l'a laissée contracter sans

(1) Art. 1375.

autorisation qu'en qualité de mandataire tacite du mari; dès lors ses engagements ne peuvent être valables que s'ils n'excèdent pas la limite légitime du mandat; s'ils la dépassent d'une façon évidente, ils peuvent être réductibles au préjudice des tiers et entraîner la révocation du mandat. Ils restent à la charge du mari, tenu des frais d'entretien du ménage; ils n'ont pas même pour la femme l'effet d'une obligation personnelle, qui, à défaut d'une convention expresse, puisse donner lieu contre elle à aucun recours.

Mais ces limites auxquelles s'arrête l'incapacité de la femme peuvent en quelque sorte reculer; le droit d'intervention de la femme dans ses propres affaires peut être élargi, soit à raison de sa condition, soit par suite du régime sous lequel elle s'est mariée.

La femme autorisée par son mari formellement ou tacitement à être marchande publique, jouit d'une capacité civile qui remonte aux traditions les plus éloignées de l'ancien droit, et qui se rencontre déjà dans les Établissements de saint Louis. Elle peut, sans avoir besoin d'aucune autorisation, faire tous les actes qui se rapportent à son négoce. A cet égard (1) tous les droits lui sont accordés, même celui d'aliéner et d'engager ses immeubles, dérogation importante que le Code de commerce (2) a apportée aux dispositions du Code civil. Il s'agit donc seulement de savoir si ces actes ont un caractère commercial, puisque, malgré le silence de l'art. 7 du Code de commerce, leur validité, d'après le texte de l'art. 5, sem-

(1) Art. 5, C. de commerce.
(2) Art. 7, *idem*.

ble être soumise à cette condition. Il est certain que la loi attache pour tout commerçant une présomption de cause commerciale à certains actes, tels que les lettres de change, les billets souscrits sans énonciation de cause. On doit également admettre que les circonstances peuvent suffire à déterminer la destination de l'acte. Mais, dans tous les autres cas, c'est à la partie intéressée à faire valoir la validité, qu'il appartient de prouver la cause commerciale dans le système qui nous semble le meilleur à adopter. La règle de l'incapacité n'est pas pour la femme commerçante abrogée de plein droit.

Il ne faut pas confondre avec la condition de la femme marchande publique, la condition de la femme qui ne fait que détailler les marchandises du commerce de son mari (1), et qui n'a que la qualité de *factrice*. La femme *factrice* de son mari ne peut pas s'obliger elle-même; mais elle oblige son mari par ses actes de négoce. C'est seulement sa capacité de mandataire qui est étendue.

La loi laisse encore à la femme la faculté de se réserver en tout ou en partie, par son contrat de mariage, les droits qui concernent l'administration de sa fortune. Ces droits d'administration appartiennent à la femme séparée par contrat ou par jugement pour tous ses biens; à la femme mariée sous le régime dotal, pour ses biens paraphernaux; enfin à la femme mariée sous un régime d'exclusion de communauté, ou même de communauté, pour les biens dont elle s'est réservé spécialement la jouissance. Ils comprennent le pouvoir de faire les baux restreints à une durée de neuf ans, de passer les marchés

(1) Art. 220, Code civil.

nécessaires à la bonne gestion de son patrimoine, d'engager et de dépenser son revenu, et ils s'étendent même jusqu'à la disposition et à l'aliénation de sa fortune mobilière, que le Code dans l'art. 1440 réserve expressément à la femme séparée judiciairement, et que la doctrine, par une plus large interprétation, admet comme conséquence de la capacité d'administrer.

Mais si les actes d'aliénation de la fortune mobilière sont ainsi assimilés aux actes d'administration, dès lors ils ne doivent pas s'étendre au delà de cette limite. Ainsi les engagements tels qu'un emprunt par lesquels la femme compromettrait la conservation de sa fortune mobilière, ne seraient pas valables : le droit de s'obliger ne lui appartiendrait pas sans réserve. De plus, le droit d'aliéner serait également sujet aux mêmes restrictions ; ainsi il ne comprendrait pas l'aliénation à titre gratuit, la donation de telle ou telle part de sa fortune mobilière resterait interdite à la femme, et l'art. 1449 n'aurait à cet égard introduit aucune exception à l'art. 905 qui lui refuse la faculté de donner entre vifs sans le consentement de son mari. L'incapacité de la femme mariée qu'aucun jugement de séparation (1), aucune convention (2) particulière ne peut faire cesser quant à l'aliénation de ses immeubles, ne peut dès lors faire place davantage à la liberté pleine et entière de ses droits sur sa fortune mobilière ; l'art. 217 ne comporte pas une aussi large dérogation.

Telle est la doctrine généralement adoptée par les au-

(1) Art. 1449.
(2) Art. 1576.

teurs et confirmée par la jurisprudence. Mais elle est encore quelquefois combattue, et le texte de l'art. 1449, qui semble confirmé par la tradition de l'ancien droit, au moins dans la coutume de Paris, a été opposé au système qui a prévalu. En effet, on peut remarquer que l'art. 1449 en reconnaissant expressément la femme séparée capable de disposer de son mobilier et de l'aliéner, lui donne un droit bien distinct du droit d'administrer, et ne se prête pas à une interprétation aussi limitative qui serait une véritable transformation. On peut ajouter que l'incapacité de s'obliger n'est pas même écrite dans l'art. 217, et que le législateur, en l'appliquant au mineur émancipé et à celui qui a reçu un conseil judiciaire, prend soin de l'énoncer; enfin, même en faisant résulter l'incapacité de s'obliger de l'art. 217 et en la rattachant à l'incapacité d'aliéner, on peut encore admettre que l'art. 217 n'est qu'un article général; que tel est également le caractère de l'art. 905, qui ne permet à la femme de faire librement aucune donation entre-vifs; et que dès lors l'art. 1449, en réglant la condition particulière de la femme séparée, est destiné à faire exception aux principes. D'ailleurs la libre disposition de la fortune mobilière laissée à la femme séparée se conciliait avec les anciennes habitudes qui empêchaient le législateur de donner à la fortune mobilière aucune importance; elle pouvait paraître la conséquence naturelle d'un état de choses où la femme reprend ou bien se réserve une part de ses droits; et cette conclusion semblerait résulter de l'art. 1576, qui ne maintient la nécessité de l'autorisation du mari, indépendamment de toutes conventions que pour l'aliénation des biens paraphernaux, c'est-à-dire des immeubles. Cette réserve des droits du mari au moment de la rédaction du Code aurait été réputée suffisante pour maintenir la garantie de son autorité et empêcher que la femme ne se dépouillât témérairement de son patrimoine. Le jugement de séparation, ou même les stipulations des contrats de mariage, pourraient donc, dans ce système, rendre la femme maîtresse d'une liberté plus étendue, et ne laisseraient pas sous tous les régimes aux dispositions de l'art. 217 leur application aussi rigoureuse.

Mais, à l'égard des engagements de la femme placée dans cette condition, soit que leur validité puisse s'étendre à tous les actes qui ont pour objet la disposition de sa fortune mobilière, soit qu'elle doive être restreinte aux actes d'administration, ainsi qu'on le décide communément, on peut leur reconnaître les mêmes effets dû moment qu'ils remplissent les conditions qui les rendent valables. Ainsi, quoique cette opinion soit encore contestée, peut-on conclure qu'ils sont exécutoires tant sur ses meubles que sur ses immeubles eux-mêmes, conformément au principe de l'art. 2092, d'après lequel quiconque s'est obligé est tenu sur tous ses biens. Il en résulte sans doute que les immeubles peuvent ainsi par son fait être aliénés, tandis qu'ils sont inaliénables sans le consentement du mari ou celui de la justice; mais il faut remarquer que cette aliénation n'est plus alors que la conséquence du droit de prendre des engagements, reconnu dans une mesure plus ou moins large à la femme qui s'est réservé en tout ou en partie la pleine jouissance de ses biens: la femme mariée à laquelle la loi permet exceptionnellement d'agir seule doit pouvoir donner à ses créanciers les mêmes garanties qu'elle leur donnerait si elle était autorisée ; son crédit ne doit pas être moindre, et le droit des tiers doit rester aussi étendu.

L'autorisation du mari, qui peut imposer à la femme une dépendance plus ou moins complète, suivant le régime sous lequel elle s'est mariée, produit également pour le mari lui-même des conséquences différentes, subordonnées à la même cause. Ainsi elle n'oblige jamais le mari, toutes les fois qu'une association pécuniaire n'est pas stipulée entre les époux dans leur contrat de mariage ; les obligations et les condamnations de la femme autorisée par son mari ne s'exécutent que sur les biens propres de la femme et même sur leur nue-propriété seulement, si le mari en a la jouissance ; la condition du mari reste, à cet égard, celle d'un tuteur envers son mineur. Au contraire, l'autorisation donnée par le mari l'oblige, quand il est marié sous un régime de communauté quelconque, sauf la récompense à laquelle il aura droit après la dissolution de la communauté, dans les cas particuliers où l'intérêt de la femme était seul en cause (1). Ainsi, lorsque la femme commune est autorisée à emprunter une somme d'argent, l'exécution de l'obligation qu'elle contracte peut être poursuivie non-seulement sur ses biens personnels, mais encore sur ceux de la communauté, et même sur les biens propres du mari. L'acte passé par la femme ou le procès soutenu par elle profiterait au mari, administrateur souverain de la communauté et usufruitier des biens pro-

(1) Art. 1413, 1432.

pres de la femme. Il est donc juste que l'obligation de la femme ou sa condamnation engage le mari : les chances de gain étant communes, les chances de perte doivent être également partagées. Il n'y a pas lieu de distinguer les obligations civiles de la femme de ses obligations commerciales, dans le cas où elle est autorisée à faire le négoce; les mêmes principes y sont applicables. Toutefois les engagements de la femme commerçante la soumettant à la contrainte par corps, il s'agit de savoir si, dans le cas où le mari en est tenu, la contrainte par corps lui est également applicable, ainsi qu'on le décidait communément dans l'ancien droit. Mais le régime matrimonial qui rend commune au mari l'obligation de sa femme, ne peut avoir pour effet de lui donner la qualité de commerçant, parce que sa femme fait le commerce. D'ailleurs la contrainte par corps ne peut être prononcée (1) quand elle n'est pas formellement autorisée par la loi; elle ne peut résulter d'une interprétation.

II. Incapable, sauf exception, de rendre sans autorisation sa condition pire, c'est-à-dire d'aliéner, la femme n'est pas davantage capable de rendre librement sa condition meilleure; le législateur lui refuse tout droit d'acquérir, à titre onéreux ou à titre gratuit, quand elle n'est pas autorisée.

Il ne lui permet pas d'acquérir à titre onéreux, car cette sorte d'acquisition n'a lieu qu'au moyen d'une aliénation réciproque : pour que la femme puisse acquérir à titre onéreux, il faut qu'elle donne quelque chose en

(1) Art. 2069.

retour, et son incapacité de vendre entraîne par exemple son incapacité d'acheter.

Il ne lui permet pas d'acquérir à titre gratuit, c'est-à-dire de recevoir, soit par succession, soit par donation. Le législateur pouvait craindre qu'une succession ne fût obérée de dettes, qu'une donation ne fût grevée de charges, et qu'imprudemment acceptée par la femme, elle ne lui devint onéreuse. Mais en même temps il ne voulait pas que le mari pût ignorer ou désapprouver la cause d'une libéralité quelconque faite à sa femme. Au motif de protection s'est donc ajouté un motif de défiance qui fait peser sur la femme mariée l'incapacité présumée de sentir ce que l'honneur et le devoir lui commandent, et qui semble la placer sous le coup d'un odieux soupçon de récompense et d'argent gagné, dont elle aurait droit de se plaindre comme d'un outrage de la loi.

L'incapacité d'acquérir à titre gratuit n'admet aucune restriction ; elle reste la même, quelles que soient les conventions des parties ; et tandis que le mari marié sous un régime de communauté peut donner à toute personne la fortune mobilière de sa femme, la femme mariée sous un régime de paraphernalité ou de séparation ne peut rien recevoir.

L'incapacité d'acquérir à titre onéreux paraîtrait plutôt, malgré le silence de la loi, être susceptible de quelques tempéraments. Il est vrai que la loi ne reconnaît à la femme mariée que la faculté de se réserver par contrat ou par jugement le droit d'administrer, auquel se joint seulement celui de disposer de son mobilier et de l'aliéner. Mais ce pouvoir, même restreint aux actes d'administration, ne donne-t-il pas nécessairement à la femme le droit de faire emploi de ses capitaux et de ses revenus, et de les faire servir à l'acquisition de meubles ou même d'immeubles? N'est-ce pas le fait d'un bon administrateur de changer, suivant les circonstances, le placement de ses capitaux, de faire un usage avantageux du produit de ses biens, d'acheter des rentes, des actions, et par conséquent aussi d'acquérir des valeurs encore moins périssables, telles que des immeubles? Du moment que la femme s'est réservé le droit de disposer de sa fortune mobilière, elle doit pouvoir en choisir l'emploi le plus avantageux, le plus conforme à ses intérêts; autrement on serait conduit à décider qu'à défaut d'autorisation, elle peut seulement dissiper les sommes qu'elle a reçues en faisant ses actes d'administration, tandis qu'elle reste incapable de les faire valoir. Le législateur, qui lui donne la facilité de rendre sa condition pire, doit la favoriser pour rendre sa condition meilleure, et, s'il la laissait prendre à son compte les périls de sa gestion sans la rendre maîtresse d'en recueillir à son gré les avantages, il ne l'aurait fait jouir que d'une liberté boiteuse.

L'incapacité d'acquérir, aussi bien que l'incapacité de s'obliger, ne s'étend pas aux cas où la volonté de la femme n'est pas directement intervenue. De même que la femme mariée est tenue des obligations nées de ses délits ou de ses quasi-délits, ainsi elle peut devenir propriétaire par suite de l'accession ou de l'incorporation, ou bien par l'effet de la prescription. En effet, ce n'est pas alors proprement la femme qui acquiert, c'est la loi qui lui fait acquérir, et c'est seulement pour les actes d'acquisition que l'autorisation du mari est requise. Il faut qu'il soit réputé être intéressé à faire valoir ses droits pour pouvoir les exercer.

L'incapacité de la femme mariée ayant pour cause déterminante la garantie de l'autorité du mari, il en résulte que le consentement du mari suffit pour rendre sa femme capable d'intervenir dans les affaires auxquelles il est personnellement intéressé; autrement l'autorisation de justice n'aurait pas manqué d'être requise, et elle ne ressort d'aucune disposition de la loi. Ainsi le mari peut valablement autoriser sa femme à s'obliger envers un tiers dans son intérêt; mais alors, contrairement aux restrictions défiantes du sénatus-consulte Velléien, elle est spécialement protégée, et elle n'est censée s'être engagée qu'en qualité de caution (1). De même, le mari peut directement contracter avec sa femme, sauf les restrictions prévoyantes que le Code a mises au libre exercice de ce droit dans des circonstances particulières où il pouvait courir risque de devenir un abus, par exemple, en cas de vente, de donation irrévocable, de restriction de l'hypothèque légale (2). La loi n'a pas toujours prévu le mal dans les relations d'intérêts entre les époux; elle a fait une large part à la confiance; mais elle a pris les garanties nécessaires contre les égarements de l'affection et l'influence abusive de la séduction ou de l'autorité.

(1) Art. 1431.
(2) Art. 1595, 1096, 2144, 2143.

SECTION III.

De la forme de l'autorisation maritale.

L'autorisation du mari, à laquelle la loi ne souffre aucune dérogation, a même besoin, pour être reconnue valable, d'être spéciale. Le Code ne permet pas au mari de donner, soit par contrat de mariage, soit par convention spéciale, à la femme qui peut justifier sa confiance, une autorisation générale, et il se montre ainsi plus rigoureux que certaines coutumes de l'ancien droit (1).

L'autorisation générale reste seulement permise quand il s'agit d'actes d'administration ou d'actes de commerce, dans le cas où la femme est autorisée à être marchande publique; elle était nécessaire pour empêcher la femme chargée d'affaires journalières d'être libre en ayant les mains liées. Toutefois elle ne peut jamais être donnée ni à la femme séparée, ni à la femme commerçante, pour les procédures en justice, qui ne sont pas destinées à se renouveler, comme les actes d'administration ou de commerce, d'une façon presque permanente.

L'autorisation du mari était soumise, dans l'ancien droit, à certaines conditions de forme que le Code n'a pas reproduites. Quand l'autorisation était donnée à la femme pour contracter, elle devait être non-seulement expresse, mais encore sacramentelle. Le mot *autoriser* était le seul dont on pût valablement faire usage, et le mot *consentir* n'aurait eu aucun effet légal : c'était une tradition de l'importance attachée à la lettre de la loi dans le droit ro-

(1) Coutumes de la Rochelle, de l'Artois, du Berri.

main, et qui tournait quelquefois en véritable superstition. La validité de l'autorisation du mari n'est soumise aujourd'hui qu'aux règles de consentement propres aux contrats.

L'autorisation peut être par conséquent expresse ou tacite.

L'autorisation expresse résulte du consentement du mari par écrit; mais ce consentement n'a pas besoin d'être donné en la forme authentique, et il paraît même pouvoir être verbal. Si l'art. 217 ne fait mention que du consentement par écrit, il convient de croire que c'est pour mettre un cas d'autorisation expresse en regard d'un cas d'autorisation tacite, qui est prévu à la suite. Il n'en résulte pas que l'autorisation verbale soit proscrite; on est seulement en droit de conclure que l'autorisation verbale ne pourrait être prouvée par témoins, sans qu'elle doive néanmoins exclure les autres genres de preuve que l'écriture, tels que l'aveu ou le serment.

L'autorisation tacite provient, d'après le même article, du concours du mari ou dans l'acte, ou, sans aucun doute, dans l'instance; et, par une interprétation que la jurisprudence admet (1), mais qui est repoussée par quelques auteurs, elle peut être également prouvée par tous les faits propres à établir l'approbation du mari. D'ailleurs, dans certains cas, il ne peut y avoir lieu à aucune controverse; il est admis sans difficulté que l'autorisation nécessaire à la femme pour faire les actes de commerce peut résulter de la connaissance que le mari a pu avoir de son état et de la tolérance avec laquelle il l'a laissée le conti-

(1) Arrêts de la Cour de cassation du 2 août 1814 et de la cour de Paris du 2 février 1830.

nuer. Le défaut d'opposition ou de protestation du mari a presque toujours paru également avoir le même effet quand il s'agit d'engagement théâtral.

Il est reconnu que l'autorisation accordée par le mari reste révocable, sans que cette révocation puisse avoir aucun effet rétroactif. L'autorisation du mari n'est pas un contrat, c'est un acte d'autorité et de surveillance; elle est, dans le système du Code, inséparable des droits attachés à son pouvoir. Mais la femme garde la faculté d'opposer sa réclamation à cette révocation aussi bien qu'au refus d'autorisation, si elle lui est préjudiciable, ou bien si elle n'est pas justifiée; et les tiers n'en ont à tenir aucun compte tant qu'elle ne leur a pas été notifiée.

SECTION IV.

De l'autorisation de justice.

Le caractère de dépendance de la femme mariée est bien marqué par la règle qui lui impose l'autorisation du mari; mais la sollicitude pour sa protection se retrouve dans l'autorisation de justice, qui, tout en maintenant son incapacité, vient néanmoins en aide à tous ses intérêts. « L'autorité conférée au mari n'est jamais arbitraire, disaient les rédacteurs du Code dans l'exposé général de leur œuvre; ce n'est pas l'autorité du caprice, c'est l'autorité d'une raison que la loi suppose plus éclairée; et contre l'abus qui peut en être fait, le recours à la puissance publique ne fait jamais défaut, afin de remettre toutes choses en l'état légitime. »

L'autorisation de justice est particulièrement destinée à garantir la femme contre les conséquences préjudiciables du refus du mari qui mettrait injustement obstacle à sa demande d'intervenir en justice ou de contracter.

Suivant la disposition du Code civil (1), lorsque la femme qui voulait contracter avait vainement sollicité l'autorisation de son mari, elle le citait directement devant le tribunal de première instance du domicile commun, et le tribunal donnait ou refusait son autorisation, après avoir appelé le mari en la chambre du conseil.

D'après le Code de procédure (2), lorsque la femme agit en justice malgré le refus d'autorisation du mari, elle ne peut pas l'assigner directement devant le tribunal; elle doit préalablement lui faire sommation d'avoir à donner ou à refuser son consentement. S'il persiste dans son refus, elle adresse au président une requête; sur cette requête, le président rend une ordonnance par laquelle il permet à la femme de citer son mari, à jour indiqué, dans la chambre du conseil, à l'effet de faire connaître les motifs de son refus. Le tribunal, après avoir entendu le mari ou pris acte de son défaut de se présenter, accorde ou refuse l'autorisation, sur les conclusions du ministère public.

Quoique cette procédure ait été spécialement réglée dans le cas où la femme veut agir en justice, elle paraît être aussi bien applicable quand le mari refuse de l'autoriser à contracter. L'art. 219 du Code civil, qui dans ce cas permettait à la femme de citer le mari directement

(1) Art. 219.
(2) Art. 861.

devant le tribunal et sans sommation préalable, est en fait abrogé, et l'art. 861 du Code de procédure, qui ne doit pas être considéré comme limitatif, reçoit une application générale. Il ménage les chances d'une conciliation, et garantit la déférence que la femme doit garder envers son mari.

Les dispositions de l'art. 861 du Code de procédure ne peuvent pas concerner la demande de la femme, lorsque son mari lui refuse l'autorisation de se défendre, et l'art. 218 du Code civil ne trace à cet égard aucune règle. Il semble dès lors naturel de faire saisir directement le tribunal, soit par la femme, soit par la partie adverse, qui est intéressée à faire procéder à toutes les mesures préalables, sans lesquelles elle ne pourrait agir valablement. D'ailleurs le tribunal n'a guère alors besoin que de vérifier si l'assignation régulière a été faite au mari, afin de constater ainsi son refus; et si ce refus est maintenu, son consentement ne peut pas manquer d'intervenir, pour rendre à la femme le pouvoir de se défendre seule. Dans ce cas, l'autorisation de justice n'est donc qu'une formalité; aussi admet-on facilement qu'elle peut être tacite et résulter seulement de la continuation de la procédure. Il semblerait donc préférable de donner à la femme une légitime dispense d'autorisation pour faire usage de son droit de défense devant tout tribunal.

L'autorisation de justice ne peut pas remplacer l'autorisation du mari, et le refus du mari ne peut être suppléé, dans certains cas particuliers où la loi décide que le dernier mot doit lui rester.

Ainsi la femme qui voudrait aliéner ses immeubles

dotaux pour l'établissement des enfants communs (1), suivant le droit que le Code lui réserve par exception à la règle d'inaliénabilité, ne peut, à défaut du consentement de son mari, recourir à l'intervention de la justice (2). Le législateur suppose que le père doit avoir pour ses enfants la même affection que la mère ; et quand le père ne veut pas laisser la mère leur donner l'aide de sa fortune, l'usage qu'il fait de son autorité paternelle est couvert par une présomption de bon droit.

Le mari paraît également, d'après l'art. 4 du Code de commerce, jouir exclusivement du droit d'autoriser sa femme à faire le commerce. La qualité de commerçant donne nécessairement la faculté de contracter des engagements fréquents et variés. En outre, elle impose des obligations qui ont un caractère particulier de gravité, et auxquelles la loi donne une rigoureuse sanction. Ils peuvent compromettre non-seulement le patrimoine de la femme, mais encore sa liberté en la rendant contraignable par corps. Enfin elle assujettit la femme aux occupations journalières d'un nouveau genre de vie ; elle l'engage dans toutes les relations qui peuvent être nécessaires aux besoins de son commerce. Il semble donc légitime de ne pas imposer au mari les conséquences d'un consentement dont il doit avoir seul la responsabilité.

Toutefois il semblerait rigoureux de conclure que dans ces deux cas, où la volonté du mari n'est soumise à aucun

(1) L'aliénation des biens dotaux peut, au contraire, être autorisée par la justice, quand il s'agit de l'établissement des enfants que la femme aurait d'un mariage antérieur.

(2) Art. 1556.

contrôle, l'autorisation de justice ne pût jamais profiter à la femme. Quand le consentement du mari fait défaut, non pas parce qu'il le refuse, mais parce qu'il ne peut le donner, soit par empêchement de fait, soit par empêchement légal, il n'y a pas lieu de faire valoir le respect de l'autorité paternelle ou de l'autorité maritale pour retirer à la femme le droit de faire servir ses immeubles dotaux à l'établissement des enfants communs, ou d'entreprendre un commerce peut-être nécessaire à sa subsistance et à celle de sa famille. Autrement il faudrait décider que la loi, lorsqu'elle enlève au mari le droit d'autoriser, devient ainsi également préjudiciable à la femme, en la privant de la faculté d'obtenir toute autorisation. D'ailleurs, quand le mari ne peut pas être appelé à consentir, il n'y a pas lieu de faire prévaloir la présomption de son refus : il faudrait une disposition expresse de la loi pour exclure dans cette hypothèse l'autorisation de justice, puisqu'elle ne contredit pas la décision du mari. Il ne convient pas d'étendre une exception quand elle déroge aux principes du droit commun.

En effet, le droit commun fait intervenir l'autorisation de justice toutes les fois que l'autorisation du mari ne peut pas être donnée. Il n'affranchit pas la femme de la dépendance, même quand cette dépendance n'est plus profitable au pouvoir du mari ; mais il ne la laisse pas soumise à une irrévocable incapacité ; il ne supprime pas la barrière, mais il permet qu'elle puisse être levée.

Tel est d'abord le cas de l'absence du mari (1). La présomption d'absence équivaut à cet égard à la déclaration

(1) Art. 222, C. civil.

d'absence (1); mais on ne peut, au moins sans restriction, donner le même effet au simple défaut de présence : il semblerait seulement convenable de reconnaître que l'urgence justifierait alors l'autorisation de justice, et que l'intérêt de la femme ne devrait pas être sacrifié.

L'interdiction du mari ou son placement dans une maison d'aliénés (2) lui retire l'exercice de son droit d'autorisation et le fait passer aux tribunaux. La même règle a été rendue applicable par la cour de cassation (3) au mari pourvu d'un conseil judiciaire; il ne peut conférer une capacité qu'il n'a pas. Mais la nécessité d'être autorisée n'est pas imposée à la femme tutrice de son mari interdit, pour les actes qui concernent cette tutelle; sa condition est alors celle d'un tuteur ordinaire.

L'autorisation de justice tient également lieu de l'autorisation du mari, quand le mari a été frappé, même par contumace, d'une condamnation à une peine afflictive ou infamante. Cette disposition s'applique pendant la durée de la peine. Tel est l'effet nécessaire de l'interdiction légale qui pèse sur le condamné tant que sa peine n'est pas subie : la même conséquence doit-elle résulter de la dégradation civique, qui est une peine seulement infamante? L'article du Code semblerait ne laisser aucun doute. Mais la dégradation civique, soit comme peine principale, soit comme peine accessoire résultant des peines afflictives (4),

(1) Art. 863, C. procédure.
(2) Art. 222. — Loi du 30 juin 1838.
(3) Arrêt du 11 août 1840.
(4) La dégradation civique, depuis la suppression de la mort civile, est attachée à toutes les peines afflictives.

est permanente; elle suit le condamné resté ou rentré en jouissance de sa liberté; sauf le cas de réhabilitation, elle a la même durée que sa vie; et cependant, d'après l'article, la durée de l'incapacité du mari ne semble devoir être que temporaire. En outre, il faut observer que les droits de l'autorité maritale ne sont pas compris par le Code pénal parmi les droits que retranche la dégradation civique; aussi quelques interprètes ont-ils changé la particule *ou* en la particule *et*, pour ne faire résulter l'incapacité du mari que des peines afflictives *et* infamantes. Toutefois on soutient encore quelquefois que le Code ne permet pas cette distinction, qui ne fut pas du reste admise au moment de sa rédaction, et l'on peut trouver légitime que la tutelle de la justice soit préférée, dans l'intérêt de la femme, à la tutelle d'un mari légalement déshonoré.

Enfin, le mari mineur n'a pas le pouvoir d'autoriser sa femme (1). Son autorisation était suffisante dans notre ancienne législation, qui lui réservait seulement le privilége de la faire rescinder quand elle lui était préjudiciable, par application des dispositions favorables établies au profit de tout mineur; mais l'ancienne législation cherchait principalement à donner satisfaction aux droits de la puissance maritale. Le Code a voulu les concilier avec le besoin de protection permanente de la femme mariée; il a craint dès lors que la trop grande confiance donnée par la loi au mari mineur ne devînt désavantageuse à l'épouse; il semble même avoir voulu protéger sa dignité en ne faisant pas dépendre sa capacité de la volonté d'un

(1) C. civil, art. 224.

incapable. Mais il rentre assurément dans l'esprit de la loi que le mari mineur soit consulté par les juges; en dispensant expressément les juges d'appeler le mari déchu de son droit par l'effet d'une condamnation, le Code leur recommande indirectement le recours à ce moyen naturel d'éclairer leur opinion.

Dans le cas où c'est la femme qui se trouve être mineure, comme le mariage l'émancipe, elle n'a plus de tuteur, à moins que son état d'interdiction ne donne au mari de plein droit sa tutelle (1). Dès lors il est raisonnable d'admettre, malgré le silence de la loi, que le mari tuteur de sa femme interdite est curateur de sa femme mineure. Mais les règles ordinaires de la minorité ne cessent pas d'être applicables. Ainsi l'assistance du mari, équivalente à son autorisation, ne suffira à la femme que pour les actes auxquels suffit l'assistance d'un curateur ordinaire. Pour les autres actes, l'autorisation du mari devra être complétée par l'autorisation du conseil de famille et l'homologation du tribunal. En cas d'empêchement du mari, si par exemple le mari était mineur, ou s'il refusait d'assister la femme, il conviendrait de le remplacer par un curateur spécialement désigné pour l'affaire à laquelle elle est intéressée. Tel est au moins l'argument qu'on peut tirer de l'art. 2208, qui, dans l'hypothèse d'un mari mineur ou refusant son assistance, fait nommer un tuteur à la femme mineure contre laquelle l'expropriation forcée se poursuit : seulement les principes généraux de l'émancipation, suite nécessaire

(1) C. civil, art. 506.

du mariage, demandent plutôt, sauf le cas particulier prévu par l'art. 2208, la nomination d'un curateur.

Toutes les fois que l'autorisation du mari ne peut être donnée, l'autorisation de justice est obtenue par la femme sur une requête particulière faite au président et accompagnée de l'acte qui la justifie. Elle est communiquée au ministère public, qui doit donner ses conclusions. C'est toute la première partie de la procédure applicable au cas du refus de l'autorisation, qui se trouve ainsi supprimée par la mise hors cause du mari.

L'autorisation de justice produit, à l'égard de la femme, les mêmes effets que l'autorisation du mari. La femme autorisée par justice est aussi capable que si elle n'était pas mariée, et elle garde tous les droits qui lui appartiendraient pour attaquer le contrat, si elle avait à se plaindre d'erreur, de violence ou de dol. Le contrat muni d'autorisation n'est pas garanti par une protection exceptionnelle de validité.

Mais l'autorisation donnée par la justice ne doit jamais être opposable au mari, sans qu'il y ait lieu de distinguer tel ou tel régime matrimonial. Elle ne peut jamais lui préjudicier ; elle ne peut porter atteinte même au droit de jouissance que son contrat de mariage lui donne sur les biens de sa femme.

Cette règle parait à quelques auteurs devoir être également suivie, soit que l'autorisation de justice vienne à être donnée à raison du refus du mari, soit qu'elle intervienne à raison de l'empêchement qui met obstacle à son consentement. Mais l'art. 1427, qui soumet la femme à l'autorisation de justice en cas d'absence du mari, *même* pour le tirer de prison ou pour établir les enfants communs, et qui, dans ces deux cas, donne à son obligation l'effet d'engager la communauté, ne paraît pas à cet égard limitatif. Le mot *même* ne porte dans la rédaction de l'article que sur la nécessité permanente de l'autorisation de justice, et non pas sur les conséquences de cette autorisation. Il serait rigoureux de refuser à la femme mariée sous un régime de communauté, et dont le mari ne peut agir, le moyen d'assurer, par un engagement opportun approuvé par la justice, les intérêts de l'administration et de la conservation des biens communs. La justice pourrait donner ce pouvoir à un étranger, en le chargeant de la gestion des biens d'un absent; dès lors comment la femme, associée du mari, ne pourrait-elle pas le recevoir? Enfin le mari dont l'autorisation n'aurait pas pu être donnée ne serait pas exclu des bénéfices qui tomberaient dans la communauté, par exemple, si sa femme était autorisée en son absence à faire le commerce : dès lors comment ne pourrait-il pas être rendu responsable de toutes les chances? Lorsqu'il ne s'est pas protégé par son refus, il convient d'admettre que, devant prendre sa part dans les gains, il doit subir sa part dans les pertes.

SECTION V.

Des effets du défaut d'autorisation.

L'incapacité de la femme mariée, qui la soumet à la nécessité d'obtenir le consentement de son mari ou celui de la justice, a sa sanction dans la nullité de tout jugement ou de tout contrat qui n'a pas été autorisé. Cette nullité peut être poursuivie par l'action civile à laquelle sont soumis tous les contrats annulables : s'il s'agit d'un jugement, toutes les voies de recours ordinaires ou extraordinaires sont ouvertes ; et la ressource de la requête civile ne fait même pas défaut, « puisque les formes prescrites à peine de nullité ont été violées (1). »

Dans l'ancien droit, la nécessité de l'autorisation avait pour effet de frapper d'une nullité absolue l'acte ou le jugement auquel avait manqué le consentement requis. Par conséquent, toute personne intéressée avait droit de l'attaquer, et aucune ratification ne pouvait le rendre valable.

Dans le Code, le défaut d'autorisation ne produit plus des conséquences aussi rigoureuses. La nullité cesse d'être absolue ; elle n'est plus que relative, et en même temps elle peut être couverte par une ratification qui rend inattaquable l'acte ou le jugement propre à la femme. La capacité de la femme mariée ne lui est, pour ainsi dire, plus retirée ; il semble qu'elle soit seulement tenue en suspens.

La nullité ne peut être opposée (2) que par le mari, par la femme et par leurs héritiers.

Le mari dont le pouvoir domestique a été méconnu par la femme qui s'est soustraite à son consentement sans y substituer celui du pouvoir public, ne peut régu-

(1) Art. 420, § 2, C. proc.
(2) Art. 223.

lièrement exercer l'action en nullité qui lui appartient que pendant la durée du mariage. Après la dissolution du mariage, il ne paraît plus qu'il puisse l'intenter, parce qu'il ne peut plus la faire résulter d'aucun intérêt légitime : ni de l'intérêt moral, puisque son autorité sur la femme ne survit pas au mariage; ni de l'intérêt pécuniaire, puisque les actes ou les jugements pour lesquels son concours n'a pas été demandé et obtenu ne peuvent jamais lui nuire.

La femme, par une faveur spéciale propre à lui faire recueillir les avantages de la sujétion qui lui est imposée, peut également faire tourner à son profit l'action en nullité, en l'invoquant pour son compte, soit pendant, soit après le mariage. L'autorisation devait être pour elle une garantie de protection; elle s'en est passée; mais elle trouve encore une aide secourable dans la sollicitude de la loi, qui permet qu'elle ne soit pas liée irrévocablement par son engagement. Elle en resterait seulement responsable dans le cas où elle aurait eu recours à des manœuvres frauduleuses propres à tromper les tiers ; par exemple si elle avait produit de faux actes établissant mensongèrement sa qualité de fille ou de veuve, c'est-à-dire de femme capable : elle doit, d'après le droit commun, rester tenue de toutes les obligations provenant de son délit.

Le droit des héritiers, reconnu par la loi sans distinction, peut être sujet à contestation. Sans doute les héritiers de la femme peuvent avoir le même intérêt que la femme pour faire annuler l'acte qui leur est préjudiciable; mais l'action en nullité, accordée aux héritiers du mari, ne semble pas se justifier. Les engagements de la femme ne peuvent produire à leur égard aucune conséquence, lorsqu'elle n'a pas été autorisée par le mari. A défaut de cette autorisation, les droits des héritiers sont mis à l'abri de toute atteinte, au même titre que ceux du mari; et, d'un autre côté, l'action qui était destinée à garantir l'autorité méconnue du mari ne peut leur appartenir, puisque l'autorité sur la personne de la femme ne leur est transmise à aucun égard. Ils paraissent donc être désintéressés, et dès lors leur droit ne se justifie plus. Il faudrait par conséquent admettre que le législateur les a assimilés par inadvertance aux héritiers de la femme, ou bien reconnaître qu'il n'a voulu comprendre parmi les héritiers du mari que les enfants issus du mariage, c'est-à-dire les héritiers communs des deux époux.

L'incapacité de la femme mariée, établie dans l'intérêt du mari, rendue subsidiairement profitable à la femme elle-même, n'est pas destinée à devenir une faveur pour les tiers. Les tiers qui ont contracté avec la femme non autorisée, qui ont pris part avec elle à une procédure en justice, ou qui se trouvent obligés par ses engagements, ne peuvent invoquer l'action en nullité, quel que soit leur intérêt à s'en prévaloir (1). Il en résulte que la femme peut, sans autorisation, obliger les tiers sans être obligée envers eux ; sa condition est celle que le droit romain avait déjà faite au mineur. Le sort du contrat dépend dès lors de son choix, dans le cas où le mari n'intervient pas pour en demander l'annulation : si elle le juge avantageux,

(1) Art. 1125.

elle l'exécûtera comme s'il était entièrement valable; dans le cas contraire, elle s'en dégagera, en faisant usage elle-même de l'action en nullité qui lui appartient. Elle sera seulement tenue, si le contrat a déjà reçu un commencement d'exécution, de restituer ce qu'elle y aura gagné, parce qu'elle ne peut avoir le droit de s'enrichir aux dépens d'autrui; il faut que tout soit remis dans l'état primitif. Le même résultat se produira à l'égard de tout jugement; les tiers ne pourront jamais opposer le défaut d'autorisation pour l'attaquer, tandis que la femme, en agissant dans les délais légaux, conserve le droit de le faire tomber. Seulement il est juste de reconnaître qu'ils ne doivent pas être forcés de s'engager dans une procédure vraiment frustratoire dont les risques et périls ne doivent pas leur être imposés; aussi l'on décide qu'au début de l'instance, ils peuvent, « avant toutes défenses au fond, proposer une exception dilatoire (1). »

Ainsi la nullité d'un acte avantageux ne peut être imposée à la femme par un autre que par son mari; quand le mari ne se prévaut pas du défaut de son autorisation, la femme peut faire servir son incapacité à rendre sa condition meilleure, et à empêcher en même temps qu'elle ne soit rendue pire. Son intérêt est donc subordonné à l'avantage du mari; mais il est préféré à l'intérêt des tiers. L'action en nullité est destinée à garantir le mari contre le préjudice moral fait à son autorité, et elle peut venir en aide de la femme pour la mettre à l'abri du préjudice pécuniaire auquel elle s'est volontairement exposée.

(1) Art. 186, C. proc.

Toutefois le défaut d'autorisation n'empêche pas toujours que l'acte ou le jugement auquel a manqué le consentement nécessaire ne puisse devenir inattaquable, soit à l'égard du mari, dans l'intérêt de la femme ; soit à l'égard de la femme, dans l'intérêt des tiers. Tel est l'effet de l'extinction de l'action en nullité.

L'action en nullité peut s'éteindre :

1° Par la ratification tacite ;

2° Par la ratification expresse.

La ratification tacite peut résulter, soit, comme le décide la jurisprudence, de l'exécution volontaire du contrat annulable, pourvu qu'elle soit valablement faite (1) ; soit, comme l'établit la loi, de l'expiration du délai de dix ans accordé par l'art. 1304 du Code civil à tous ceux au profit desquels une action en nullité est ouverte. Ce délai paraît être soumis pour le mari aux règles ordinaires de la prescription ; il remonte alors au jour du contrat, si le mari l'a connu ; et si le contrat a été fait à son insu, au jour où il en a eu connaissance. Malgré les termes généraux de l'art. 1304, c'est vraisemblablement pour la femme seule qu'il ne doit commencer à courir que du jour de la dissolution du mariage. Si la loi suspend à l'avantage de la femme, pendant la durée du mariage, la prescription de l'action en nullité qui lui est donnée, c'est que la femme mariée pourrait être incapable d'agir, tant qu'elle aurait besoin de demander l'autorisation de son mari pour faire annuler le contrat qui lui serait nuisible ; elle pourrait aimer mieux garder le silence,

(1) La validité de la ratification tacite est soumise aux mêmes conditions que la validité de la ratification expresse.

même à son détriment, que de faire connaître à son mari le tort qu'elle a pu avoir en voulant imprudemment se soustraire à sa surveillance et à son autorité. Il a donc semblé préférable d'attendre que la femme ait recouvré sa capacité d'agir pour faire courir contre elle le délai légal pendant lequel elle peut, en toute liberté de réflexion, choisir le parti qu'il lui convient de prendre, jusqu'au jour où le privilége de se dédire cessera irrévocablement de lui appartenir. Il faut reconnaître dans cette disposition la prévoyance d'une nouvelle garantie propre à la protéger contre les conséquences préjudiciables de sa dépendance.

A l'égard des jugements qui concernent la femme non autorisée, les mêmes règles ne peuvent pas être applicables : les droits du pouvoir public ne sont sacrifiés à l'intérêt de personne. La ratification tacite résulte donc, suivant le droit commun, de l'expiration des délais de rigueur, après lesquels toutes les voies de recours ouvertes pour attaquer les jugements sont fermées à la femme comme au mari (1). Ces délais courent à partir de leur signification régulière. Dès lors on peut conclure que la signification faite à la femme seule pendant le mariage ne serait pas suffisante; qu'elle doit être également adressée au mari, sauf les cas où, par suite d'un empêchement de fait ou d'un empêchement légal, son consentement ne pouvait pas être donné.

La ratification expresse consiste dans la renonciation

(1) Le mari qui n'a pas donné son concours garde seulement le droit de se mettre à l'abri de toutes les conséquences du jugement, au moyen de la tierce opposition.

à l'action en nullité; elle doit être faite conformément aux formalités prescrites par la loi (1), et appartient naturellement à ceux auxquels l'action en nullité aurait appartenu, c'est-à-dire au mari et à la femme, aux droits de laquelle ses héritiers succèdent. Elle a pour objet de rendre valable un acte auquel manque la condition nécessaire à sa validité; il faut donc nécessairement, pour qu'elle produise ses effets, qu'elle soit elle-même valable.

Dès lors la ratification expresse faite par la femme mariée agissant seule reste aussi irrégulière et aussi annulable que son engagement; elle ne peut être efficace pendant le mariage que si elle est autorisée, c'est-à-dire si elle concourt avec la ratification du mari, sauf les cas où le consentement du mari est suppléé par celui de la justice; autrement elle ne peut se produire utilement qu'après la dissolution du mariage, quand la femme a recouvré sa capacité.

La ratification expresse faite par le mari a évidemment pour conséquence sa renonciation à son action en nullité; elle lui enlève sans aucun doute tout droit de s'en prévaloir. Mais il s'agit de savoir si elle rend également l'acte auquel l'autorisation a fait défaut valable à l'égard de la femme, si elle empêche la femme de pouvoir désormais opposer l'action en nullité qui lui est propre. Cette interprétation, repoussée par plusieurs auteurs, peut cependant paraître résulter du caractère même de l'acte de la femme non autorisée. En effet, ce qui manquait à la validité de l'acte, c'était le consentement du mari : du moment que ce consentement intervient, il cesse d'être défectueux, il re-

(1) Art. 1338.

prend sa force légale. L'acte n'était pas nul, il n'était qu'annulable au profit de la femme et du mari. Au moment où le mari le confirme, la femme ne l'avait pas attaqué ; c'est donc à sa volonté présumée persistante que la volonté du mari vient se joindre, et le concours successif des deux volontés doit être équivalent à leur concours simultané. Cette opinion est du reste confirmée par le système qui ressort de la discussion du conseil d'État. Le projet primitif établissait que « le consentement du mari, quoique postérieur à l'acte, suffit pour le valider. » Ce paragraphe avait été voté par le conseil sans aucune contradiction ; et s'il disparut dans la rédaction définitive, c'est qu'il sembla inutile, comme conforme à tous les principes de l'autorité maritale.

Il est vrai que l'on fait valoir que la prescription pourrait ainsi courir contre la femme pendant le mariage, contrairement à la disposition de l'art. 1304, et qu'elle résulterait, à son détriment, au moyen de la ratification tacite, du silence gardé par le mari pendant dix ans à partir du jour où le mari a connu l'acte annulable. Mais on peut répliquer que l'art. 1034 suppose le cas où le mari ignore l'existence de l'acte qu'il n'a pas autorisé, où la femme craindrait de le lui révéler, et que l'application de l'art. 1304 est restreinte à cette prévision : dès lors l'objection perdrait toute valeur.

Enfin on observe que l'action en nullité de la femme ne peut pas être à la disposition du mari ; qu'elle est née au profit de la femme, qu'elle ne peut dès lors lui être enlevée. Mais il ne faut pas exagérer la part de garanties dont le législateur a voulu faire profiter la femme mariée en la rendant incapable. Il n'a pas sans doute négligé le soin de sa protection; mais ce n'est pas sa protection qu'il a eu principalement en vue d'assurer; c'est l'autorité du mari qu'il a d'abord voulu favoriser. Il n'a pas permis que la nécessité de l'autorisation devînt fatale aux intérêts de la femme, mais il l'a imposée pour qu'elle donnât satisfaction aux droits du mari. Dès lors on peut admettre que l'action en nullité, une fois que le mari y a renoncé, ne reste plus le privilége de la femme, quand elle-même n'a pas pris les devants pour invoquer son incapacité. Il semble légitime de conclure que la ratification faite par le mari, aussi bien que l'autorisation donnée par le mari, fait rentrer la femme mariée dans la condition conforme aux principes du droit commun.

La dépendance de la femme mariée, qui résulte dans notre Code de son état d'incapacité civile, est aujourd'hui tantôt aggravée, tantôt adoucie par les systèmes différents de législation de certaines nations européennes.

En Angleterre, le droit coutumier (*the common law*) a consacré la suppression de l'existence légale de la femme mariée. Les deux époux sont à certains égards confondus en une seule personne, qui est celle du mari, et cette confusion est si rigoureusement établie, que le mari ne peut ni contracter avec sa femme, parce qu'il paraîtrait contracter avec lui-même, ni lui faire aucune donation entre-vifs, parce qu'il serait réputé s'être institué lui-même donataire.

La capacité de la femme, absorbée en quelque sorte dans la puissance du mari, est à peu près nulle, sauf dans les cas où elle reçoit la qualité de déléguée du mari, par exemple pour l'achat des fournitures nécessaires aux besoins du ménage. Autrement tous ses droits sont subordonnés à la nécessité de l'autorisation, sans laquelle ils sont absolument nuls, sans distinction d'actes de disposition entre-vifs ou par testament, sans distinction de procès civils ou de poursuites criminelles. Ils sont même souvent tenus en suspens parce qu'ils tombent sous la présomption de contrainte du mari, à moins qu'il ne s'agisse d'actes publics, tels que des actes d'aliénation (*fine*), parce que le magistrat peut alors s'assurer de la libre volonté de la femme. La femme cesse même, comme dans nos anciennes coutumes, d'être responsable de ses délits, sauf pour la trahison et pour le meurtre, parce que le mari est chargé de veiller sur sa conduite, et que dès lors ses fautes lui sont imputables. Néanmoins ce système, qui dans quelques-unes de ses dispositions rappelle l'ancien mariage romain, est souvent éludé par les clauses des contrats favorables aux droits de la femme, et par la jurisprudence des cours d'équité, dans lesquelles s'applique la loi spécialement appelée loi civile. Ainsi, indépendamment de l'avantage assuré à la femme par le douaire, il est d'usage qu'elle se réserve non-seulement le droit de toucher une part de ses revenus, mais encore celui de faire gérer librement telle ou telle propriété, qu'elle peut administrer, hypothéquer, aliéner même à son gré. Mais la lettre de la loi ne cesse pas d'être respectée ; la capacité civile de la femme mariée n'est pas même alors reconnue ; et si elle intervient dans ses propres affaires, c'est par le ministère de curateurs (*trustees*) chargés de pleins pouvoirs sur les biens qu'elle apporte en se mariant, ou qu'elle reçoit pendant le mariage. Ces mandataires reçoivent, acquièrent, dépensent pour son compte, et lui laissent ainsi, vis-à-vis de son mari, une part de complète indépendance. C'est en quelque sorte un droit prétorien qui vient ainsi remplacer ou plutôt tourner l'ancienne législation pour la remettre peu à peu en harmonie avec les temps nouveaux. Dans ses lois privées comme dans ses mœurs politiques, l'Angleterre semble souvent avoir recueilli l'héritage des traditions de la vieille Rome.

Chez d'autres peuples, c'est la capacité de la femme mariée qui a été légalement reconnue ; ce sont les principes du droit romain de la seconde période qui se sont en partie conservés. Ainsi, en Autriche, la femme mariée peut se suffire à elle-même pour tous les actes de la vie civile ; elle n'a besoin d'aucune autorisation pour se faire rendre justice ; son intervention dans tous les contrats qui intéressent sa fortune suffit pour les rendre valables : seulement, à défaut de clause contraire, les pouvoirs d'administration passent au mari. Ainsi, aucune disposition n'assujettit la femme à un état de dépendance; la femme mariée, comme la femme non mariée, peut rester entièrement maîtresse de ses droits, toutes les fois qu'il ne s'agit pas de faire de sa liberté un usage incompatible avec le mariage. Mais, sauf des conventions particulières, elle reste étrangère pendant le mariage à tous les avantages de l'association : soit dans le régime légal de séparation, soit dans le régime dotal, auquel la loi se montre spécialement favorable sans y faire prévaloir la garantie exceptionnelle de l'inaliénabilité, la privation de toute part soit aux revenus de la dot, soit aux acquêts, n'est compensée pour l'épouse que par le douaire. Il y a lieu de reconnaître dans cette législation un système qui, ne demandant à la femme mariée aucun sacrifice, ne lui réserve non plus aucune faveur.

Au contraire, le Code, tenant en quelque sorte le milieu entre les principes contraires que l'Angleterre et l'Autriche ont fait prévaloir, retranche aux droits de la femme; mais en même temps il y ajoute. Ainsi, sans l'exclure de la vie civile, il exige que les portes lui en soient d'abord ouvertes; quelle que soit la part qu'il laisse à l'autorité des conventions privées, il ne permet pas que sa liberté puisse entièrement cesser d'être tenue en lisière; il l'assujettit, non pas à une soumission d'opprimée, mais à une dépendance de protégée. La nécessité permanente de l'autorisation, dont aucun contrat ni aucun jugement de séparation ne peut à certains égards la relever, semble bien quelquefois consacrer la rigueur de sa destinée en subordonnant sa capacité au consentement du mari ou à celui de la justice. De même la communauté légale donne au mari un pouvoir souverain qui est affranchi de tout contrôle, qui se passe de tout concours; elle retire à la femme les moyens d'intervention dans ses affaires, et remet en d'autres mains que les siennes la partie peut-être la plus importante de sa fortune. Enfin l'obligation civile d'obéissance qui lui est imposée peut faire croire qu'elle est restée la sujette d'un maître, et le droit de plainte qui lui est refusé pour desserrer les liens de la vie commune, quand son mari manque à ses engagements de fidélité, paraît perpétuer dans la société conjugale l'inégalité à son détriment.

Mais, quelles que soient les dernières réformes qui puissent encore faire entrer dans le Code des dispositions plus favorables au légitime affranchissement de l'épouse, comment ne pas reconnaître les garanties de toute sorte par lesquelles se trouvent au moins compensées les conséquences de l'infériorité qui peut encore peser sur sa condition? Sa personne n'est plus exposée à être impunément victime des violences et des injures, et celui qui doit lui servir de protecteur perd tout droit à la retenir auprès de lui quand il devient son tyran. Sa fortune n'est pas davantage abandonnée à tous les périlleux hasards du gouvernement du mari, et, à défaut des prévisions des contrats, la loi multiplie en sa faveur les priviléges qui la préservent des mauvaises chances de l'association; en même temps, en lui faisant sûrement partager les avantages de la prospérité, elle semble admettre l'égalité du concours des époux à l'enrichissement du ménage, et consacrer l'aide réciproque qu'ils se donnent, d'après la belle sentence d'un auteur païen, rappelant que l'un doit avoir besoin de l'autre : « *Alter alterius indiget.* » Enfin l'incapacité même de la femme est loin de lui devenir tout à fait désavantageuse; elle peut contribuer à la soustraire aux funestes conséquences d'une liberté dont elle a fait un mauvais usage; elle l'empêche de rester responsable de ses fautes ou de ses imprudences; et elle ne donne au mari qu'un droit de *veto* provisoire, que la justice peut toujours lever. C'est ainsi qu'on peut conclure que la femme perd et gagne à la fois à être soustraite au droit commun.

Quoi qu'il en soit, l'autorisation de justice, la séparation de biens, la séparation de corps, uniformément jointes aux garanties diverses qui sont propres à chaque régime matrimonial, marquent dans le Code les limites où peut cesser l'autorité, où peut commencer la résistance; elles donnent à l'épouse, contre tout abus du pouvoir auquel elle est soumise, comme une triple armure, et elles justifient la noble pensée du grand orateur anglais Burke, disant : « Que partout où il y a une souffrance, le législateur ne doit pas empêcher qu'il n'y ait un cri. » Ainsi s'élève et s'agrandit la place que la femme mariée est venue peu à peu occuper dans les lois ; ainsi de nouvelles pierres sont tour à tour apportées à l'édifice auquel tous les siècles ont travaillé pour y mettre à l'abri cette déshéritée des siècles anciens. Sans doute il faut bien se garder de se dire orgueilleusement, en face du progrès de sa condition légale : « Il n'ira pas plus loin ; » mais, si l'on jette un long regard sur le temps passé, il est au moins permis de répéter cette consolante parole trop souvent démentie dans les vicissitudes de l'histoire des peuples, mais qui devrait être le mot d'ordre de chaque génération, et qu'on trouve déjà dans le vieil Homère : « Nous sommes heureux d'avoir fait mieux que nos devanciers : »

Ἡμεῖς τοι πατέρων μέγ' ἀμείνονες εὐχόμεθ' εἶναι.

CONCLUSION.

Il convient d'ailleurs de reconnaître que la femme n'a pas cessé de mériter elle-même l'extension sans cesse élargie de ses droits; elle n'a pas fait que recevoir la faveur de la loi, elle l'a gagnée. La part croissante qu'elle a prise à la vie civile et à la vie domestique achève de rapprocher le rang qu'elle tient comme par droit de conquête du rang que l'homme a longtemps occupé seul comme par droit de naissance. D'abord, à mesure que la fortune mobilière a changé, pour ainsi dire, l'état économique de notre société, la femme n'a plus été exclue aussi rigoureusement de l'administration de son patrimoine; elle a pu au moins se la réserver en tout ou en partie, et c'est seulement par rapport aux droits sur ses immeubles qu'aucune dérogation n'a été admise pendant le mariage à son ancienne incapacité. Ensuite le commerce et l'industrie l'ont associée à tous les intérêts de fortune de son mari, auxquels elle restait bien plus étrangère quand les immeubles seuls représentaient la richesse; le commerce et l'industrie ont habitué son mari à faire appel à toutes les qualités de prévoyance et de surveillance qui sont le plus ordinairement les dons de sa nature. Enfin la pleine liberté légale qui lui a été laissée pour rester maîtresse de tous ses droits après comme avant le mariage, l'autorité qui lui a été reconnue au moins comme veuve pour gouverner l'éducation de ses enfants et gérer leur tutelle, semblent exiger que l'apprentissage opportun de cette indépendance et de cette responsabilité ne lui fasse pas défaut dans sa condition d'épouse. La présomption de défiance à son égard doit donc sortir de la loi ; et quand on croit la justifier en se prévalant de toutes les faiblesses qu'on peut lui reprocher, il est permis de faire la réponse que Shakspeare met dans la bouche du héros d'une de ses tragédies, le prince troyen Troïlus, et que les fils de reines telles qu'Hécube n'ont pas seuls le doux privilége de pouvoir légitimement répéter : « Souvenons-nous que nous avons eu des mères (1). »

L'égalité des droits de la femme et des droits du mari, assurée par telle ou telle combinaison, n'est pas menaçante pour le bon ordre de la société conjugale. Ce n'est pas dans les pays où la femme est le plus dépendante qu'elle est le plus soumise à ses devoirs, ainsi que le témoignent les mœurs des sociétés d'Orient. Quand elle est enchaînée comme une captive, le mari n'est pour elle qu'un geôlier dont elle fait rire en trompant sa surveillance, et sa révolte vient le plus ordinairement à la suite de sa servitude. « Moins la femme a de droits, a-t-on dit avec une spirituelle justesse, plus elle a de prétentions (2). »

(1) « Think, we had mothers... »

(2) M. Saint-Marc Girardin, *Essais de littérat. et de morale*, t. II.

La maîtresse est plus exigeante que l'épouse, parce qu'aucune garantie ne protége sa domination éphémère. Si dans le mariage la femme recherche souvent le commandement, c'est peut-être parce que la loi la rend encore trop incapable de se gouverner elle-même, et expose ainsi quelquefois le mari à ne lui ordonner que ce qu'elle veut se faire ordonner. D'ailleurs ne peut-on pas déjà reconnaître que la part bien plus grande faite aux droits des enfants devenus majeurs a été généralement plutôt favorable que contraire aux sentiments de respect et d'affection qui produisent les bonnes mœurs domestiques? L'opinion publique ne pardonnerait pas aujourd'hui à un fils qui volerait son père, fût-ce Harpagon lui-même, ou bien qui le ferait bâtonner avec l'aide d'un valet, même aussi plaisant que Scapin. Un tel enseignement ne doit pas être perdu ; il doit contribuer à prouver que les garanties données à l'épouse ne sont pas davantage des garanties retirées au mari.

Sans doute il ne faut pas croire que les maris doivent rester, comme les amants, les serviteurs obéissants de la femme ; et dans le juste partage des pouvoirs de la famille, si la femme doit conseiller, c'est le mari qui doit diriger. Mais ce droit de direction n'est pas un droit de contrainte, et il est juste que les écarts en soient toujours arrêtés, parce qu'il est difficile de refuser la tyrannie quand la loi la permet. L'autorité du mari, comme l'a dit excellemment un aucien (1), est républicaine, c'est-à-dire celle d'un égal; tandis que l'autorité paternelle est plutôt royale, c'est-à-dire celle d'un maître. L'enfant qui est jeté nu sur une terre nue, et qui pendant longtemps ne peut pas se suffire à lui-même à cause de sa faiblesse et de son inexpérience, ne peut pas se passer d'être gouverné, tandis que l'incapacité de la femme mariée n'est établie que par la loi, et ne tient pas à son sexe. L'obéissance à laquelle le mariage la soumet ne doit donc pas être l'obéissance d'une sujette, mais celle d'une personne libre. L'autorité du mari ne peut être justement sanctionnée qu'en étant conciliée avec la liberté de l'épouse, et c'est ainsi que dans la société conjugale se retrouvent les deux principes qui, en s'unissant l'un à l'autre, font en même temps le bon ordre de la société politique.

Lorsque, dans une des fables ingénieuses de son *Banquet*, Platon nous a représenté les deux époux comme deux moitiés de l'humanité n'ayant fait qu'un seul être dans un monde primitif, et se cherchant, se reconnaissant ici-bas et se confondant dans une nouvelle union, il imaginait le véritable type auquel doit se ramener leur mutuelle condition : il semblait déjà invoquer entre ces deux compagnons de vie commune le partage des mêmes droits et l'échange des mêmes devoirs. Il est nécessaire que les droits soient

(1) Aristote.

pour tous deux, sinon semblables, au moins égaux, pour que les lois puissent mettre la justice dans la société conjugale : il importe que les devoirs, comme les affections, soient réciproques, pour que les mœurs fassent entrer l'amour dans le mariage. La justice et l'amour, tel est le terme auquel aboutit pour la femme mariée le progrès des lois et le progrès des mœurs. Il faut que les deux époux s'appartiennent également chacun à lui-même et se donnent également chacun l'un à l'autre pour répondre à la destinée primitive qui leur a été faite, et qui est renfermée dans cette grande parole des livres saints : « Vous serez deux en un. »

TABLE.

Paris. — Typographie de Firmin Didot Frères, rue Jacob, 56.